천번의이력서

구직 전쟁터에서 살아남은 그녀만의 필살기

천 번의 이력서

지은이 | 이지윤
펴낸곳 | 북포스
펴낸이 | 방현철

편집자 | 공순례
디자인 | 엔드디자인

1판 1쇄 찍은날 | 2015년 05월 15일
1판 1쇄 펴낸날 | 2015년 05월 22일

출판등록 | 2004년 02월 03일 제313-00026호
주소 | 서울시 영등포구 양평동5가 18 우림라이온스밸리 B동 512호
전화 | (02)337-9888
팩스 | (02)337-6665
전자우편 | bhcbang@hanmail.net

이 도서의 국립중앙도서관 출판시도서목록(CIP)은 e-CIP 홈페이지(http://www.nl.go.kr/ecip)와
국가자료공동목록시스템(http://www.nl.go.kr/kolisnet)에서 이용하실 수 있습니다.
(CIP제어번호: 2015012292)

ISBN 978-89-91120-88-4 03190
값 13,000원

천번의 이력서

구직 전쟁터에서 살아남은
그녀만의 필살기

| 이지윤 지음 |

좀더 나은 세상을 위한
또 하나의 이력서

하루를 시작하는 아침, 컴퓨터를 켜자마자 습관처럼 취업포털 화면을 열어본다. 당장 일자리가 필요해서가 아니다. 지금 하고 있는 일을 그만두고 다른 직장으로 옮기려고 알아보는 것도 아니다. 오랜 세월 나는 늘 직장을 구하기 위해 찾아 헤매야만 했다. 무수히 많은 회사에 이력서를 넣었고 나를 써달라고 지원했었다. 그리고 수없이 거절당했다. 그러다 보니 언젠가부터 그 습관이 몸에 배어 좀처럼 떨어져 나가질 않는다. 더욱이 요즘은 미래에 대한 불안감이 높아져 한 치 앞을 내다볼 수 없는 세상이다. 그래서 더더욱 취업포털 들락거리는 일을 멈출 수가 없다. 구인 중인 저 많은 회사 중 과연 나를 써줄 회사가 있을까? 속으로 가만히 물어본다.

4

대다수의 사람은 일을 하지 않고는 살아갈 수 없다. 그러니 무슨 일로 돈을 벌어 먹고살아야 할지, 직장과 직업에 대해 고민을 해보지 않은 사람은 없을 것이다. 거기다 평균 수명이 늘어 이전 몇 세대에 비하면 훨씬 더 오래 살아야 하는데, 그것이 마냥 축복이기만 한 것은 아니다. 여명이 길어진 만큼 그 기간 동안 먹고사는 문제가 새로이 대두되기 때문이다. 그런 까닭에 이제 취업은 이 시대 청춘들만의 문제가 아니라 중장년을 포함하여 전 세대에 걸친 고민거리가 됐다. 더군다나 우리 사회에서는 나이가 족쇄가 되기 십상이어서 중장년 이상의 취업 고민은 더욱 깊기만 하다.

그런 한편으로, 오늘도 취업포털 화면에는 수백 수천의 크고 작은 기업들이 일할 사람을 구하지 못해 아우성을 치고 있다. 구인과 구직 양쪽이 똑같이 치열한 이런 현상은 왜 일어나는 걸까. 구직자들이 직장과 직업에 대해 어떤 기준을 정해놓고 그 이하는 결코 가지 않겠다고 마음속 빗장을 걸어 잠갔기 때문은 아닐까? 직장을 구하지 못했다는 것보다 눈높이를 낮추지 못했다는 게 어쩌면 더 큰 문제가 아닐까? 물론 예외인 사람들도 있겠지만 말이다. 구직 문제로 골치가 아프다면 이처럼 관점을 달리해서 점검해볼 필요가 있다.

나는 천 번이고 만 번이고, 어느 곳이든 이력서를 내고 도전해보라고 말하고 싶다. 어딘가에는 나를 써줄 곳이 분명히 있고, 처음에는 양에 차지 않는 곳이었다 하더라도 그 안에서 능력을 발휘할 기회를 얼마든지 발견할 수 있기 때문이다. 어딘가에서 일하면서 그다음 단계로 도약할 수 있도록 준비기간으로 삼는 것도 좋다. 단숨에 정상까지 데려다주는 성공의 엘리베이터는 이 세상 어디에도 없다. 눈높이를 좀더 낮춰 지원하고 그곳에서 월급을 받으며 실력과 능력을 키우라고 말해주고 싶다. 중요한 것은 내가 가고자 하는 방향과 목표를 찾고 그곳을 향해 쉬지 않고 전진하는 것이다. 직장 하나를 잡았다고 해서 거기 마냥 머물러 있으란 법은 없다. 그곳을 끝이 아니라 시작으로 여기면 된다. 무엇이든지 겪고 경험하면서 찾기를 바란다. 나 자신이 수없이 많은 직장과 직업을 경험하면서, 수많은 시행착오와 실패와 좌절을 이겨내면서 얻은 소중한 깨달음이기에 자신 있게 말할 수 있다. 시도와 경험 없이는, 삶의 목적과 방향 없이는 아무것도 얻을 수 없다는 것을.

지금 이 시대가 쉽지 않다고들 한다. 누군가는 기회가 너무 없다고 말한다. 하지만 시대를 막론하고 쉬웠던 때는 없었으며 기회 또한 늘 제한적이었다. 모든 것은 변하는 데다 안정적인 일자리는 점점 줄어들고 있다. 예전에는 한 번 직장을 택하면 평생 그곳에서 일하다 은퇴하고 노후를 맞이했다. 하지만 지금은 그런 경우가 드물어졌다. 한 사람이 평생 몇 차례씩 직업을 바꿔야 한다. 이는 역으로, 그만큼 선택의 기회가 많은 시대라고 할 수 있다. 그러니 조직을 벗어나 언제 어디에 내던져져도 먹고살 만한 능력 한 가지씩은 키워놓아야 한다. 자신이 스스로를 고용하는 시대가 온 것이

| 천 번의 이력서 |

다. 스스로를 고용하여 먹고살 수 있을 때까지 공부하고 자신을 성장시켜놓아야 한다.

당신의 인생은 지금부터 시작이다. '언젠가'가 아닌 '지금 당장'이다. '언젠가'라고 포장한 게으름으로 더는 시간을 낭비해서는 안 된다. 가방끈이 짧다고, 나이가 많다고, 심지어는 얼굴이 못생겼거나 키가 작다고 등등 핑계를 대며 행동에 나서길 미루기에는 너무도 짧은 인생이다. 오늘 걷지 않으면 내일은 뛰어야 한다. 마음을 다한다면 무엇이든 시작할 수 있고, 그 길을 통해 성공에 다다를 수 있다.

인류사에서 세상을 뒤흔든 대단한 일들은 모두 아주 작은 데서부터 시작됐다. 당신도 작은 일에서부터 시작하면 된다. 내가 책을 쓰겠다고 결심하고 가장 먼저 한 일은 집에서 TV를 없애는 것이었다. 어떤가, 당신도 충분히 할 수 있는 작은 일 아닌가? 그렇게 했더니 평일 하루 두 시간, 주말에는 열 시간이란 크나큰 선물이 내게 주어졌다. 그 시간에 책을 읽고 글을 썼더니 작가라는 이름으로 불리게 됐다.

영국의 극작가 조지 버나드 쇼는 "삶이란 자신을 찾는 것이 아니라 자신을 창조하는 과정이다"라고 말했다. 우리는 모두 소중한 존재이며 무한한 가치를 지니고 있다. 세상에 나가 자신의 '쓸모 있음'을 펼쳐 보이기 위해 항상 공부하고 변화하며 성장하는 자신을 만들어나가야 한다. 그것이 자신의 인생에 대한 예의라고 믿는다.

나는 지금도 좀더 나은 세상을 위해 이력서를 완성해나가고 있다. 나보다 힘든 삶을 살아가고 있는 사람들, 진로를 고민하는 많은 이들, 예전의 나처럼 절망하고 있는 이들에게 희망과 가능성을 보여줄 수 있는 경험이 담긴 이력서를….

2015년 5월

이지윤

: 차례 :

5장 '지금까지'는 잊어라, '지금부터'를 꿈꿔라

첫 직장을 뛰쳐나오다

'JOB' 잡으러 갑시다

열등감과 열정의 거리는 몇 미터일까

비 새는 군용 천막

시대가 만든 파란만장한 직업들

손만 대면 마이너스라니

1장

•

기울어진
경기장에 오르다

COMPANY
Street #: Street
City #: city.
phone #: 12312311-1231231
e-mail #: xxxx@aaa.zx

첫 직장을
뛰쳐나오다

몸을 갈고닦음은 마땅히 백 번 단련한 쇠와 같이 할지니,

급하게 나아가는 것은 깊은 수양이 아니다.

일을 행함은 마땅히 천균의 쇠뇌와 같이 할지니,

가볍게 발하는 것은 큰 공이 없다.

_《채근담》

　　1985년 3월, 졸업식을 하고 며칠이 지난 후였다. 그날은 아직도 기억에 생생하다. 여의도 증권거래소 뒤쪽 한 건물에 있는 다국적 기업으로 면접을 보러 가는 길이었다. 버스에서 내렸는데 토할 것

같았다. 한 시간 넘게 버스를 타고 오느라 멀미가 난 듯했다. 태어나서 면접이라는 것을 처음 보는 터라 몹시 떨렸고 긴장됐기 때문이다. 하지만 손에 들린 면접영어 책과 자기소개서가 적힌 종이를 보는 순간 정신이 번쩍 나면서 어느새 속도 가라앉았다.

면접 시간이 가까울수록 종이에 쓰여 있는 꼬부랑 글씨들이 더 꼬불거려 눈에 들어오지도 않았다. 더군다나 그것들은 내가 만든 문장도 아니었다. 사흘 전 학교 취업전담 선생님께서 외국인 사장과 면접을 볼 수도 있으니 영어면접을 준비하라고 급히 연락을 해주셨다. 그 길로 당시 우리나라에서 제일 큰 서점이던 종로서적으로 달려가 영어면접이라고 쓰여 있는 책들을 죄다 뒤졌다. 그중 제일 글씨가 크고 얇은 책을 골랐다. 그리고 가장 앞쪽에 있는 몇 문장을 뜻도 잘 모르는 채 허겁지겁 베껴쓴 것이었다.

정신을 가다듬어야 할 것 같아서 심호흡을 하려고 고개를 들어 앞을 봤다. 전에는 본 적이 없는 높은 빌딩들이 거대한 숲을 이루고 있었다. 회색 콘크리트 바닥에 우뚝 서서 저마다 큰 키를 뽐내고 있는 빌딩들은 나와는 다른 세상의 물체들 같았다. 그 앞에 선 내가 왠지 초라하고 작아지는 기분이었다. 하지만 나도 곧 이 세상으로 합류하게 될지도 모른다는 생각이 들자 우쭐해졌다.

버스에서 내리면 금방일 줄 알았던 면접장소는 빌딩들이 온통 비슷비슷한 모양새를 하고 있어서 찾기가 쉽지 않았다. 이 빌딩 저

빌딩을 들락날락하며 헤매고 있을 때였다. 콘크리트 색과 비슷한 색의 양복을 입은 사람들이 일제히 쏟아져 나오기 시작했다. 한곳이 아니라 여의도에 있는 모든 빌딩에서 나오는 듯했다. 마치 개미가 개미집에서 쏟아져 나오듯 긴 줄을 이루더니 한 방향으로 부지런히 발걸음을 옮기는 것이다.

'무슨 일이지? 민방위 훈련인가?' 그런데 15일은 아니었다. '그럼 데모가 일어났나?' 당시는 민주화 운동이 한창이던 시절이었다. 종종 대학생들이 시내에 나와 시위를 하기도 했고 직장인들도 가세하며 절규했었다. 나도 몇 번 분노하는 시위대 분위기에 압도되어 그들이 무엇을 외치는지도 모른 채 그 뒤를 졸졸 따라갔던 적도 있다. 독한 최루탄 가스에 눈물범벅이 되어서 말이다.

넥타이 부대의 행렬은 끝날 것 같지 않았다. 면접을 보러 가야 한다는 사실도 잊은 채 행렬을 바라보며 따라가야 하나 어쩌나 고민하고 있었다. 면접 시간은 오 분도 채 남질 않았다. 급기야 내 앞을 바쁘게 지나가던 한 남자를 잡아세우고 물었다.

"아저씨, 오늘 무슨 행사 있어요? 이 많은 사람이 다 어디를 가는 거예요?"

"지금 밥 먹으러 가지!"

넥타이를 맨 남자는 별걸 다 물어본다는 표정으로 무뚝뚝하게 답하고는 가던 길을 계속 갔다. 그 긴 줄은 식당에 자리를 잡기 위해 점심 시간 조금 전에 사무실을 나선 직장인들이었다. 여의도에

| 천 번의 이력서 |

사무실이 워낙 많으니 점심 시간 땡 하고 나서면 빈 자리가 없기 때문이다. 아무튼 그 느닷없는 넥타이 행렬은 고등학교를 갓 졸업한 내가 맨 처음 접한 직장인의 단면이었다.

고등학교만 졸업해도 신체에 큰 문제가 없는 한 취업이 잘 되던 시절이었다. 컴퓨터 대신 타자기를 쓰던 때라 타자만 좀 칠 줄 알아도 쉽게 취업할 수 있었다. 거기에 간단한 영어회화까지 할 줄 알면 능력 있는 사람으로 평가받을 정도였다. 외국으로 나가는 일이 지금처럼 흔하지 않아 대단한 일로 여겨지던 시절이라 외국어 능력은 특히 우대를 받았다.

외국인 사장과 면접할 걸 예상하고 잔뜩 긴장했던 면접 시간은 한국인 인사부장과 몇 가지 문답을 나누는 것으로 싱겁게 끝났다. 바로 출근하라는 인사부장의 말로 합격이라는 결과를 얻었고 다음 날부터 출근했다. 생애 첫 회사생활이 시작된 것이다.

외국계 회사라 그런지 사무실 바닥에는 왠지 신발 바닥을 털고 들어가야 할 것 같은 기분이 들 만큼 푹신푹신한 카펫이 깔려 있었다. 입구에는 화려한 꽃꽂이 장식이 되어 있었고, 야자수같이 생긴 나무가 문 양옆에 놓여 있었다. 입구 안쪽으로 들어가니 어디선가 은은한 커피 향이 났다. 카펫 길을 따라가니 작은 주방 한편에 이상하게 생긴 기계가 하나 있었다. 기계 위에는 큰 투명 유리병이 하나 있었는데 그게 '원두커피'라고 했다. 생전 처음 보는 것이어서 신기하기도 했다. '커피를 저렇게 해서도 먹는구나!' 그때까지 내가 먹어본 커피 레시피는 '둘둘하나'였다. 커피 두 스푼에, 크림 둘, 설탕 하나.

'여긴 지금까지 내가 살았던 세계가 아니다!' 전혀 다른 세상에 와 있는 것 같았다. 하지만 화려한 분위기를 누리는 호사스러움은 잠시…. 멋진 커리어우먼을 상상했던 꿈은 바로 깨졌다. 그런 상상 속의 일은 내 몫이 아니었다.

가장 먼저 사무실에 출근해 20명이 넘는 직원들의 책상을 말끔히 닦아놓는 것부터 나의 일은 시작됐다. 남자 직원들 책상 위에 있는 재떨이들을 다 비우고 깨끗이 씻어놓는다. 그런 다음 그들의 자리로 커피를 날라다 준다. 조금 뒤에는 그 커피잔들을 거둬 점심시간 등의 자투리 시간을 이용해 깨끗이 씻어놓아야 했다.

회사로 걸려 오는 하루 백 통가량의 전화를 받아 담당자들에게 연결해주는 일도 내 일이었다. 외국으로 보내야 하는 우편물과 샘플도 많았다. 하루에 두세 번 무거운 샘플이 담긴 박스를 들고 부지런히 우체국으로 날라댔다. 당시는 지금처럼 이메일이 있던 시대가 아니었다. 그래서 외국으로부터 날아오는 전문들을 텔렉스와 팩스로 받았는데, 그걸 직원 수만큼 복사해서 책상 위에 일일이 올려놓는 일도 나의 주된 업무였다. 그 양은 실로 엄청났다.

회사 막내였기에 선배 직원들과 상사는 나를 예뻐해 주셨다. 모르는 일이 있으면 친절하게 가르쳐주셨다. 일을 하다가 실수하면

　　　　　　　　　　| 천 번의 이력서 |

너그럽게 넘어가 주기도 했다. 하지만 내가 맡은 모든 일은 꿈에 그리던 직장생활의 '뽀대' 나는 일들이 아니었다. 멋진 정장을 차려입고 회사에 출근해 외국인과 통화하며 영어로 서류를 작성하고 바이어와 상담하는 선배 직원들을 보면 마냥 부러웠다. '저거야, 내가 해야 할 일은!' 그들이 하고 있는 일들이 바로 내가 그리던 '뽀대' 나는 일이었다.

매일 회사에 출근해서 닦고(책상), 씻고(컵), 끓이고(커피), 받고(전화), 나르고(박스), 뜨고(복사), 치고(타자)의 반복적이고 단순한 일들은 내가 해야 할 일이 아닌 것 같았다. 그렇게 1년이 지난 어느 날 늦은 저녁, 직원들이 다 퇴근하고 텅 빈 사무실에 혼자 남았다.

'나는 높은 빌딩 안에서 일하고 있지만 내 위치는 높지 않구나!' 깊은 절망감에 빠졌다. 사무실 창밖으로 어둡고 육중한 빌딩숲에서 터져 나오는 불빛들을 바라보며 결심했다. '이제 이 일, 그만두자!'

첫 직장생활은 그렇게 막을 내렸다. 나를 견딜 수 없게 했던 것은 그놈의 '뽀대' 때문이었다. '폼 나' 보였던 일들은 당시 내가 하기엔 너무 어려운 일이었다. 경험이 없었고 배운 것이 없었다. 내가 단지 대학을 나오지 않아서 그들과 다른 일을 하고 차별을 받는다는 막연한 열등감에 사로잡혔다. '고작 이런 허드렛일이나 하려고 사회에 나왔던가?' 좌절감이 따랐다. 그리고 오랜 시간이 지난 후 내가 '고작'이라고 불렀던 일들에는 다 이유가 있었다는 것을 깨닫게 됐다. 또, 돈 받고 하는 일 중 그게 가장 편했다는 사실도.

사그라지지 않는 열등감에 대학을 가야겠다는 결심을 하게 됐다. 그 길로 바로 서울역 근처에 있는 단과학원으로 달려갔다. 당시에는 대입을 준비할 수 있는 학원이 몇 군데 없었기에 학원에 등록하는 일조차 경쟁이 치열했다. 학원 앞 담벼락을 따라 길게 늘어선 줄에서 밤새 뜬 눈으로 기다린 끝에 겨우 등록했다.

앞으로 살아가면서 더 상처받고, 자존심 상하고, 무릎을 꿇어야 하는 힘든 여정이 기다리고 있는 줄도 모른 채….

'JOB'
잡으러 갑시다

파주에서 분양하는 아파트라고 했다. 이곳에서 내가 맡은 건 점검 매니저 일이다. 입주 예정인 아파트 주민들이 사전점검을 위해 방문하면, 그들과 동행해 내부구조를 설명하고 점검표를 작성하도록 도와주는 일이다. 오전 8시 반까지는 아파트에 도착해야 했다. 전날 있었던 매니저 교육에 빠진 터라 일찍 가서 아파트 단지 조감도를 봐야 했고 내부구조에 대한 설명도 들어야 했다.

포털사이트에서 검색하여 위치를 미리 찾아보니 시간이 꽤 걸리는 곳이었다. 오전 6시 반경 집에서 출발했지만 초행길이라 가는 도중 많이 헤맸다. 현장에 도착하니 시계는 이미 9시를 가리켰다.

나와 비슷한 연배쯤 되어 보이는 30명 정도의 인원이 벌써 유니폼을 갈아입고 교육을 받고 있었다. 그들은 어떻게 알고 왔을까 잠깐 궁금증이 일었지만, 뛰어오느라 흘린 땀을 닦을 겨를도 없어 허겁지겁 유니폼으로 갈아입었다. 그런 다음 교육을 받고 있는 사람들 맨 뒷줄에 끼어 겨우 설명을 들었다.

이 아르바이트를 하기 위해 동분서주 알아보기 시작한 게 벌써 1년 전의 일이었다. 모집광고가 뜰 때마다 죄다 이력서를 넣었지만 연락이 오는 곳은 한 군데도 없었다. 단순한 일일 것이라 생각했고 그만큼 쉽게 연결돼서 일을 시작하게 될 줄 알았다. 하지만 어디 하나 만만하게 불러주는 데가 없었다. 알고 보니 이 일에 경험이 없는 사람들은 잘 뽑지 않는다고 했다.

'까짓것 현장에 나가 한 번만 보면 다 할 수 있는데…' 얕잡아본 것은 나의 자만이자 착각이었다. 이 세상 어떤 일도 얕잡아볼 수 있는 건 없다. 그리고 한 가지를 더 깨닫게 됐는데 바로 '어떤 일이든 경험이란 참 소중하다'라는 것.

평일인 주중에는 직장에 출근해야 했기에 주말에만 가능한 아르바이트를 찾고 있었다. 매달 들어오는 월급이 한 달에 꼭 들어가야만 하는 생활비보다 적었다. 그래서 주말에 할 수 있는 아르바이트가 필요했다. 마침 알아본 일 중 가장 적합하다고 생각된 것이 바로 이 일, 점검 매니저였다. 여러 경로를 통해 부지런히 알아봤지만 주말에만 할 수 있는 일은 그리 흔하지 않았다. 더러 눈에 띄는

게 없진 않았으나 육체적으로 감당하기 어려운 일들뿐이었다. 거기다 대부분 저녁 늦은 시간에 업무가 끝났다. 나랑 인연이 안 닿나 보다 하면서 포기하고 있을 무렵, 우연히 좌담회 아르바이트에 갔다가 그곳에서 만난 분을 통해 어렵사리 구인업체와 연결됐다. '아! 아르바이트 자리 구하기 되게 힘들다!'

그래도 다른 일보다는 쉽겠지 했던 예상은 어김없이 빗나갔다. 나는 명색이 '아르바이트의 달인'이라도 불러도 될 만큼 안 해본 일이 없다. 하지만 아파트 점검 매니저 일은 생각했던 것보다 훨씬 어려웠다.

세상에 쉬운 일은 없다고, 이 일 역시 만만한 게 아니었다. '왜 이렇게 아파트를 부실하게 지었느냐'는 사전 입주자들의 불평불만을 들어줘야 했고, 험한 욕설도 들어야 했다. 아르바이트 일당을 받고 일하고 있는 내가 건설사 대표나 되는 것처럼 고개를 숙이고 연신 '죄송하다'며 응대를 해주어야 했다. 계속 뛰는 걸음으로 다녀 발바닥은 불덩이처럼 뜨거웠고, 아파트 내부구조를 설명하느라 목이 잠겨 쇳소리가 나왔다.

그렇게 이틀을 일하고 받은 돈은 11만 원이 조금 넘는 금액이었다. 아르바이트로 해서 번 돈은 직장을 다녀서 얻은 수입과는 다른 의미가 있어서인지 아까워서 쓰지 않게 된다. 아마도 '일하고 받은 돈' 이상의 경험을 했기에 그러하리라.

학교를 갓 졸업한 구직자들, 직장단절 여성들, 이직을 위해 직장을 찾는 이들, 은퇴 후 재취업을 위해 나온 중장년층들…. 'JOB'을 붙잡기 위해 지금 이 순간에도 그들은 계속 쏟아져 나오고 있다. 세상에 이보다 더한 전쟁이 있을까? 구하는 이들은 천지인데, 구했다는 소식은 좀처럼 들려오지 않는다.

재취업을 위해 일자리를 찾으면서 여러 시행착오를 겪게 되는데, 대부분 사람이 비슷한 경로를 거친다. 우리 사회에서 그나마 나이와 경력을 많이 따지지 않는 직종이 보험설계사다. 그렇다 보니 많은 사람이 이 일을 거치게 된다. 하지만 보험설계사는 눈에 보이지 않는 무형의 상품을 파는 일이고, 자신의 신용과 노력을 파는 일이다. 그래서 열심히 하지 않으면 살아남기 어려운 직종 중 하나로 꼽힌다. 처음엔 만만하게 보고 들어갔다가 눈물만 쏙 빼고 나오기도 한다. '영업은 나한테 맞지 않는다'며 상처받고 나오는 분들을 주변에서 많이 봤다. 나 역시 그런 경험을 했고 말이다.

영업이란 자신과의 부단한 싸움이다. 온갖 어려움을 이겨내야 하기에 성실하지 않으면 버텨낼 수가 없다. 요즘은 더군다나 상품에 대한 공부를 해서 전문가가 되지 않으면 십중팔구 거절당한다. 고객들이 엄청나게 똑똑해졌기 때문이다.

보험설계사 도전 후에 다음 여정은 대체로 음식점의 주방 보조, 마트 점원, 화장품 다단계 판매원, 전화 영업 같은 판매서비스직이다. 남자들은 대리운전, 물류센터, 택배 기사 등을 거친다. 그러라고 어디 정해져 있는 것도 아닌데 한결같이 비슷한 순서를 밟는다. 일은 힘든 반면 그에 따르는 보수가 적은 일들은 그만두는 횟수가 빈번할 수밖에 없다. 구인광고를 많이 하게 되고 사람들 눈에 많이 띌 수밖에 없다. 그래서 누구나 쉽게 접하고 쉽게 뛰어들기에 그러할 것이다. 식당 주방 보조를 하다가 허리를 삐끗해서 며칠 병원 신세를 졌다느니, 마트에서 일하다 다리가 너무 아파서 사흘을 못 견디고 그만두었다느니 하는 경험담이 그토록 흔한 것도 다 이 때문이다.

자신이 가진 능력이나 조건을 무시한 채 단순히 가까우니까, 힘들지 않아 보이니까, 하다가 힘들면 언제든 그만둘 수 있는 곳이니까 등등의 이유로 시작해선 안 된다. 아무리 단순한 일자리라도 그렇게 해서는 얻을 게 없고, 계속해서 그 쳇바퀴를 따라 돌게 된다. 조금이라도 미리 따져보고, 그곳에서 일하게 됨으로써 맡은 일을 계기로 조금이라도 성장할 기회를 얻을 수 있는지를 봐야 한다.

간단한 일일지언정 미리 주변을 살펴보고 공부를 해야 한다. 언젠가 그 일이 미래에 하게 될 일에 대한 발판이 되기 때문이다. 특히 사회에 첫발을 들인 이들, 그리고 경력이 단절되었다가 다시 사회에 나오는 이들에게는 더욱 중요하다. 처음에 한 일이 사회에 대한 첫인상을 굳히게 된다. 그리고 그 일이 결국은 자신이 앞으로 하게 되는 일의 토대가 된다.

한 번은 일자리를 구하다 유명 채용사이트 한쪽에 '환전소 직원 모집'이란 것을 보고 지원한 적이 있다. '은행 경력자 환영, 영어회화 가능자 우대'라고 적혀 있었다. 맨 밑줄에는 '나이 불문'이라고 명기되어 있었다. 얼른 봐도 '딱, 나였다!' 혹시라도 모집이 끝났을까 싶어 다급히 전화를 걸어봤다. 전화를 받는 직원에게 은행 경력도 있고 영어에 일어 회화까지 할 수 있다고 했더니 반색하며 당장 면접을 보러 오라고 했다. 명동역 출구로 나와서 골목 어디로 들어오면 있다고 위치를 친절하게 설명해주었다. 설명을 다 듣고 수화기를 막 내려놓으려고 하는데, 안내 직원이 급히 내 나이를 물어봤다. 마흔일곱 살이라고 답했다. 잠시 정적이 흐르더니 좀 전까지만 해도 친절했던 말투에 싸한 분위기가 느껴졌다. 그는 30대 초반도 버티기 어려운 일이라며 올 필요 없다고 아주 '불량'하게 전화를 끊어버렸다.

'환전소에서 달러 환전 좀 해주는데 대체 나이가 뭐 그리 중요할까?' 받아들이기 어려운 현실이었다. 20여 년 전, 호주에서 생활하던 때 기억이 떠올랐다. 현금을 찾을 일이 있어 시내에 있는 은행에 들렀다가 창구에서 일하는 직원들을 보고 깜짝 놀랐었다. 당시 우리나라 은행 창구 직원들은 대부분 젊은 여성들이었는데 그곳에선 머리가 희끗희끗한 중년 여성들이 창구에 앉아 있었기 때문이다. 안경을 쓰고 통장에 수기로 사인을 해주며 업무처리를 해주던 그 중년의 여직원은 업무가 능숙했다. 노련한 업무처리에 깊은 인상을 받았기에 아직도 당시 기억이 생생하다. 그뿐이 아니었다. 내가 다니던 어학연수 스쿨에서 영어를 가르치던 선생님 역시 할머니라 불릴 만큼 나이 지긋한 분이었다.

나이에 대해 엄격한 잣대를 들이대는 대한민국 사회의 편견은 언제 바로잡힐까? 아득하기만 하다. 더군다나 세계에서 가장 빠르게 고령화가 진행되고 있는 우리나라의 현실을 고려할 때 더욱 이해하기 어려운 일이다. 사회의 여러 제도나 체질은 변하는 데 시간이 많이 걸린다. 적응하기 쉽지 않은 현실이지만, 이 현실을 내가 바꾸지 못하는 이상 현실을 인정하고 스스로 극복할 방법을 찾아야만 한다.

며칠 전 일간지 경제면에 시중 한 은행의 시간선택제 일자리가 100대 1의 경쟁률을 기록했다는 기사가 실렸다. 금융권의 경력단절 여성 채용에 관련된 내용이다. 치열한 경쟁률을 뚫고 어렵게 일자리를 차지한 그들에게 축하를 보낸다. 그들은 합격하기까지 부단한 노력을 했으리라. 맘고생이 얼마나 심했을까? 비슷한 일을 숱하게 겪은 경험자로서 그분들의 마음을 짐작하고도 남는다. 그들의 인터뷰도 실렸는데, 한결같이 이렇게 말했다. "나이가 들어갈수록 다시 직장생활을 할 수 없을지 모른다는 생각에 너무나 초조했다."

직장 구하기가 하늘의 별 따기만큼 어렵다는 현실에 씁쓸한 마음이다. 언제부턴가 이런 기사가 부쩍 많아졌다. 대졸 인턴으로 회사에 들어갔다가 경력을 살려 정규직으로 전환됐다는 사례, 은퇴 후 기술을 배워 취업에 성공했다는 사례 등. 이런 일들이 기삿거리가 된다는 것은 그만큼 여기 쏠린 관심이 많다는 얘기일 것이다. 곳곳에서 취업난으로 고민하는 이들이 많다 보니 자신에게 조금이라도 도움이 될까 하여 어떻게 해서 성공했나 하는 얘기를 찾아 읽기 때문이리라. 저마다 진정으로 하고 싶어 하는 일, 일을 하면서 행복을 느낄 수 있는 일자리를 쉽게 찾을 수 있는 날이 오기를 바란다. 그래서 이런 기사는 도서관 옛 기록실에서나 찾아볼 수 있는 날이 하루속히 오기를 희망한다.

수명이 연장됨에 따라 살아온 날보다 앞으로 살아갈 날이 더 많아졌다. 그래서 너도나도 'JOB'을 잡으러 거리로 쏟아져 나오고 있다. 경쟁해야 하는 대상이 점점 더 많아지는 것이다. 하지만 이러한 현실에 계속 한숨만 쉬고 있을 순 없다. 일자리가 점점 부족해지고 있지만 그렇다고 '내가' 갈 곳이 없는 것은 아니다. 보수의 차이가 있고 대우가 좀 다를지언정 '내가' 갈 곳이 어디엔가는 있기 마련이다. 다만 구직자와 구인자가 원하는 것에 차이가 있을 뿐이다. 포기하지 않고 찾으면 어디엔가는 반드시 있다. 찾다 보면 우연히 만나게 되는 일도 있고, 내 적성을 살려 할 수 있는 일도 반드시 있다.

| 천 번의 이력서 |

나도 어렵게 안정된 일자리를 얻었지만 보수가 좀 적었기에 대안을 찾아 해결했다. 집에서 가까워 출퇴근하는 시간이 절약되고 정시에 퇴근할 수 있다는 장점을 최대한 활용하여, 거기서 번 시간을 스스로를 성장시킬 기회로 삼았다. 덕분에 글을 쓰며 작가로서의 꿈을 키울 수 있었다.

자신이 원하는 모든 것을 만족시켜주는 직장이란 없다. 조금 부족한 부분이 있더라도 그곳에서 내가 무엇을 할 수 있는지, 부족한 부분이 있다면 무엇으로 채울 수 있는지를 자신이 찾아야 한다. 그리고 그곳에서 자신을 성장시킬 수 있는 '무엇인가'를 꼭 찾아야 한다. 쉽게 포기하지만 않는다면 누구나, 어떤 일에서나 찾을 수 있다.

사람마다 능력의 차이는 그리 크지 않다. 저마다 가진 능력으로 얼마나 많이 시도를 해보느냐에서 차이가 생긴다. 이런 시도는 반드시 기회를 가져다준다. 기회 또한 자신이 만드는 것이다. 취업에 성공하는 사람들을 보며 '운이 좋아서' 아니면 '기회를 잘 잡아서' 그렇다고 생각하는 이들이 많다. 하지만 자세히 들여다보면 운과 기회를 만들기 위해 수많은 시도를 하고 계기를 만들며 그들 스스로 준비해왔음을 알 수 있다.

트렌드 연구자 김난도 교수는 "좋은 일자리란 특정 직업군을 지칭하는 '무엇(what)'의 문제가 아니다. 어떤 일에서나 숨은 가치를 찾아내 자아를 실현할 수 있도록 만드는 '어떻게 (how)'의 문제다"

라고 말했다. 그 '어떻게'에 집중하여 노력을 기울여야 한다.

　이 세상 어딘가에서는 여전히 당신을 필요로 하고 있다. 그러니 'JOB'을 잡으러 달려가 보자!

COMPANY
Street #: Street
City #: city,
phone #: 12312311-1231231
e-mail #: xxxx&aaa.xx

열등감과 열정의 거리는 몇 미터일까

대학에 들어가기 전이었다. 직장 선배가 소개팅을 주선해준 적이 있다. 경영학과 출신으로 증권사에 다닌다고 했다. 상대방은 내게 무척 호감을 느꼈던지 신 나는 말투로 취미며 이것저것을 물어봤다. 그러던 중 대학교 얘기가 나왔다.

"몇 학번이세요?"

"예? 그게 뭔데요?"

'군번'이 있다는 것은 많이 들어봤지만, '학번'이라는 단어는 그때 처음 들어봤다. 대학에 들어가 보지 않았으니 모르는 게 당연했다. 나의 반문에 남자는 대번에 안색이 변했다. '내가 뭐라도 잘못한 걸까? 뭔가 실수를 했나?' 싶어졌다.

"혹시 대학 안 나오셨어요?"

"네, 그런데요?"

대답을 들은 남자는 직장 선배와 같은 여대의 영문과 출신인 줄 알고 자리에 나왔다고 했다. 그는 그 말과 함께 자신이 잘못 알고 왔다며 바로 자리를 박차고 일어났다.

'학력이라는 이름으로 무시당한다는 것이 바로 이런 거였구나!' 한창 순수했던 청춘 시절, 이성으로부터 받은 상처였기에 몹시 충격이 컸다. 속에서 뭔가 끓어오르는 것 같았고 열등감에 치를 떨었다. 당시에는 그런 모욕감을 안으로 삼키고 이겨낼 만큼 내가 성숙해 있지 않았다. 그래서 상처가 깊었고, 쉽게 아물지 않았다.

그 일이 있은 후로도 그놈의 학번 얘기는 직장생활을 하면서 자주 나왔다. 흔한 대화 자리에서마저 '무슨 과 전공이야?'라는 얘기가 더해져 화기애애하던 분위기에 찬물을 끼얹은 경우도 많았다. 대학을 졸업한 사람들 앞에서 '고졸'이라고 대답한 후에 만들어지는 냉한 분위기란 아마도 겪어본 사람이 아니면 짐작도 하지 못할 것이다. 아무 죄도 짓지 않았는데 마치 죄인 취급을 받는 듯한 억울함, 수치스러움 같은 것이다. 왠지 작아지는 키와 쪼그라드는 듯한 가슴, 보고 싶지 않은 거울 속의 나를 절실히 느끼는 순간이다. 마치 세상이 대학을 나온 사람과 나오지 않은 사람 딱 두 편으로 갈라진 것처럼 느껴지던 순간들도 있었다. 한동안은 사회생활을 하면서 이런 어색한 분위기와 무시당하는 듯한 눈초리를 벗어나기 위해 거짓말을 하기도 했다. 대학을 나왔다고 한 것이다. 거짓말에 대한 자책과 후회의 반복, 그렇게 어리석은 청춘이 지나가고 있었다.

어리석은 거짓말과 학력이라는 콤플렉스를 이겨낸 건 호주에 유학을 다녀온 후였다. 학력에 대한 열등감 한편으로 넓은 세상에 대한 호기심도 있어서 호주로 발길을 옮겼다. 공부를 하려고 간 것이었지만 생활비를 벌어야 했기에 아르바이트를 병행해야 했다. 처음 하게 된 일이 시간제로 하는 호텔 청소였다. 영어가 서툰 외국인이 할 수 있는 일은 몸으로 때우는 것밖에 없었다. 그중 하나가 육체노동 중에서도 힘들다고 소문난 호텔 청소였다.

얼마나 힘들었던지 일을 시작한 지 2주 만에 몸무게가 5킬로그램이나 빠졌다. 손님들이 체크아웃한 후 정해진 시간 안에 룸을 청소해야 했기에 몸을 잽싸게 놀려야 했다. 청소를 모두 마치면 수거한 빨랫감들을 지하에 있는 세탁실에 갖다 주어야 했다. 세탁실에서 일하는 청소부들 중에도 나처럼 고국을 떠나온 유학생들이 많았다. 각기 다른 국적에 다른 언어를 가진 사람들이었지만 서로 소통하는 데는 문제가 없었다. 다들 영어 실력이 그만그만했는데 손짓 발짓, 표정으로 웬만한 건 다 통했다. 우리는 낯선 나라에서 새로운 환경에 적응해야 한다는 공통점만으로도 서로에게 위안이 됐다.

　그들과 대화하면서 알게 된 건 한국에 있을 때 사람들이 거리낌 없이 던지던 '예의 없는' 질문을 하지 않는다는 사실이었다. 꿈을 이루려고 이국땅까지 왔다는 데 대해 용기와 노력을 대견해하며 서로 응원해줄 뿐이었다. 상대방이 대답하기 곤란해하리라는 것과는 아랑곳없이 하는 질문들, 예를 들면 '몇 살이냐?', '대학은 나왔냐?', '결혼은 했냐?' 같은 질문들은 이곳에선 거의 접해보지 못했다. 오히려 그들을 보며 '이 사람은 몇 살쯤 됐을까?', '나보다 나이가 많을까?', '혹시 대학은 다녔을까?' 궁금증이 생겨서 물어보고 싶어 하는 게 나라는 사실을 발견하고 무척 놀랐다. 이력서에나 쓰는 내용에 관심을 갖는 건 오로지 나 혼자뿐이었다.

　'세상 사람들이 모두 같은 잣대를 가지고 살아가는 것은 아니구나!' 한국에서 느꼈던 불편한 열등감은 상대방이 나를 향해 던지는 시선 때문이 아니었다. 오히려 내가 사람들을 '학력'이라는 잣대로 평가하며 차별하고 있었던 것이다. 세상을 바라보는 내 시선이 잘못됐음을 깨달았다. 그곳에서의 일은 힘들었지만 나 자신을 제대로 바라보게 하는 계기가 되어주었다. 그 후로는 '나'라는 사람에 대해 거짓말을 할 필요가 없어졌다. 자신을 감추거나 부정하려 하지 않고 당당하게 드러내게 됐다.

　열등감은 때론 열정을 만들어내기도 한다. 자신이 부족하다고 느끼기에 주변에 있는 다른 것들은 보이지 않고 오로지 눈에 보이는 부족한 것만을 메꾸려고 달려들기 때문일 것이다. 그래서 '열정'이라고 표현해봤다.

학력에 대한 나의 열등감은, 지금 와서 돌이켜보면, 마치 동전의 양면 같은 것이었다. 한쪽으로 보면 어리석음이었지만 다른 쪽으로 돌려보면 열정이란 동기부여를 주었기에 그러하다. '학력'에 대한 열등감은 수많은 시련과 우여곡절이 있었음에도 끝끝내 학교를 졸업하도록 나를 이끌었다. 그리고 지금도 공부에 열의를 가지고 뭔가 끊임없이 시도하도록 하는 튼튼한 토대가 되어준다.

사람들은 대부분 '고등학교 졸업 → 대학 졸업 → 취업'이라는 순서를 밟는다. 하지만 나는 '고등학교 졸업 → 재수생활(아르바이트 병행) → 직장생활(입시 준비) → 2년제 대학(직장생활 병행) → 직장생활 → 유학(아르바이트 병행) → 직장생활(편입 공부 병행) → 4년제 대학 졸업(직장생활 병행)'이라는 과정을 거쳤다. 4년제 대학을 졸업하기까지 무려 15년이나 걸린 것이다. 게다가 일과 학업을 늘 병행한 샐러던트(saladent) 생활이었다.

일과 학업을 병행하던 때 그 두껍던 전공 책만큼이나 학교와 직장 간 거리도 멀었다. 일찍 퇴근할 수 있는 직장은 학교와 먼 곳에 있었고, 퇴근이 늦은 직장은 학교와 가까운 데 있었다. 그래서 조금이라도 일찍 퇴근해서 학교에 가야겠다는 생각에 전자를 선택했다. 경기도에 있는 직장에 다닐 때는 퇴근 후 학교 가는 길이 기나긴 여행길과도 같았다. 남들이 자동차를 타고 주변을 바라볼 사이도 없이 빠른 여행을 했다면, 나는 자전거를 타고 페달을 밟으면서 이것저것 둘러보며 느린 여행을 한 셈이다.

내 오랜 샐러던트 생활은 다양한 직업을 경험함과 함께 세상을 공부하는 여정이기도 했다. 수많은 밤을 지새웠으며 많은 걸림돌에 걸려 넘어지기도 했다. 때론 쉬어 갔고, 때론 힘겨움에 방황도 했다. 하지만 중도에 공부를 포기해야겠다는 생각은 해본 적이 없다. 그것이 바로 열등감이 가져다준 '열정'이라는 선물이 아닐까?

김난도 교수는 《아프니까 청춘이다》에서 열등감에 대해 이렇게 썼다.

> 우리는 누구나 열등감을 가지고 산다. 누구는 외모에, 누구는 성장환경에, 누구는 이루지 못한 것들에 대해. 이처럼 그 근원이 다양한 만큼이나 그것을 다루는 사람들의 반응 또한 다양하다. 대개의 사람은 그 열등감을 감추려고 노력하고, 어떤 사람들은 그것을 잊거나 부정하며, 소수의 의지 강한 사람들은 그것을 극복하려고 애쓴다. 그대는 어느 쪽인가? 우리, 열등감을 인생의 밑짐으로 삼고 살아가면 어떻겠는가?

세상에 진짜 무서운 것은 남과 비교하며 괴로워하는 '자기 열등감'이라고 한다. 하지만 그만큼 무서운 힘을 발휘하는 것도 열등감

일 수 있다. 열등감 때문에 괴로워하며 자기를 부정할 것이 아니라 자기성장의 도구로 이용하기 위해 노력해보자. 자신이 어떻게 받아들이냐가 중요하다. 이용하느냐, 이용당하느냐 그것이 문제가 아니겠는가. 그러니 열등감이 꼭 나쁜 것만은 아니다.

대학에 가지 않고 한 직장에 오래 근무했더라면 난 지금쯤 어떻게 되어 있을까? 돌이켜 생각해봐도 결론은 마찬가지다. 직장생활을 계속하는 어느 순간, 어떻게든 공부할 길을 찾았을 것이다. 실제로, 공부를 하기 위해 다양한 직업을 가져봤으니 진짜 살아 있는 공부를 한 셈이다. 힘든 과정이 있긴 했지만 누구보다도 축복 속에서 살아왔다고 자신한다. 한 가지 아쉬운 점이 있다면 학교에 다니는 동안 내가 가진 재능을 발견하지 못했다는 것이다.

'항해술에서 가장 중요한 것은 선박의 위치 판단이다.' 김훈의 《자전거여행 2》에 나오는 문구다. 살아가면서 중요한 것은 자신이며, 자신이 중심임을 강조한 말이다. 자신이 중심이 된다면 '나'라는 사람은 어떤 험난한 파도에도 버틸 수 있는 튼튼한 배가 될 수 있다.

사회생활을 하다 보면 자신의 의지와 상관없이 학력, 능력, 배경을 끊임없이 비교당하게 된다. 그때마다 열등감 때문에 흔들리고 위축될 수는 없다. 열등감은 그 가면을 벗기고 나면 기회가 될 수 있다. 오히려 '이때가 기회다'라는 생각으로, 내가 가진 잠재력을 키울 계기로 삼아보자!

COMPANY
Street #: Street
City #: city,
phone #: 12312311-1231231
e-mail #: xxxx@ddd.xx

비 새는
군용 천막

　사람들이 살면서 가난을 가장 원망하는 순간은 언제일까? 나는 돌이켜봤을 때 집이 가난하다는 이유로 상업계 고등학교를 들어가야만 했을 때였다. 학교를 졸업하자마자 돈을 벌어야 하는 어려운 집안형편 때문이었다. 당시에 나는 고등학교를 졸업하고 바로 대학을 가지 못하면 왠지 낙오자의 길을 걸을 것 같다는 생각에 휩싸여 있었다. 그런 이유로 한동안은 가난하기 때문에 내가 이렇게밖에 되지 못했다고 원망하고 피해의식만 가득해서 살기도 했다. 하지만 결과적으로, 수많은 역경이 있었고 시간이 걸리긴 했지만 대학에 입학했고 학업을 끝까지 마쳤다.

가난은 내가 더 오래 공부할 수 있도록 기회를 만들어주는 동기부여가의 역할을 해주었다. 항상 모자란다는 '결핍' 의식이 있었기에 채우기 위한 열의를 지속적으로 가질 수 있었다. 그만큼 나를 성장시켜준 원동력이었다. 하고 싶은 것을 못 하게 기회를 없앤 것이 아니라 오히려 부족하다고 느꼈던 여러 가지 기회를 만들기 위해 끊임없이 도전하는 나로 만들어주었다.

부유한 환경에서 태어났다면 어땠을까 하고 스스로에게 질문을 던져봤다. 아마도 이만큼 성장하지 못했을 것이다. 진정한 행복이 어떤 것인지 알 기회도 얻지 못했을 것이다. 그 파란만장한 여정이 없었다면 이 책 또한 탄생하지 않았을 것이다.

나는 서울에서도 가장 못산다는 동네, 중랑천 '뚝방' 무허가 판자촌에서 태어났다. 그곳에서 '국민학교' 2학년 때까지 살았다. 비록 사는 환경은 어려웠지만 남부럽지 않을 만큼 행복한 어린 시절을 보냈다. 맛있는 음식도 예쁜 옷도 없었지만 맘껏 뛰어다니며 호기심을 발산할 수 있는 자연과 함께였기 때문이다.

아홉 살 무렵, 우리 가족이 살던 무허가 집이 1970년대 경제개발 개혁에 밀려 헐리는 일이 일어났다. 여덟 명의 대가족은 졸지에 길바닥으로 내몰리게 됐다. 그때 갓 태어난 막냇동생도 있었다. 가까스로 동사무소에서 임시로 제공해준 군용 천막을 받아다가 여덟 식구가 좁디좁은 천막 안에서 몇 달을 살았다. 비가 올 때면 빗물이 새는 바람에 책이 젖어 학교에 가는 것도 힘들었다. 자려고 누우면 튀어나온 돌부리에 등이 마구 찔렸기에 돌을 피해 이리저리 등을 옮겨가며 자야 했다. 그때의 험한 잠자리 경험 덕분일까? 나중에 하게 된 산악등반과 배낭여행 때의 열악한 잠자리 환경은 내게 아무런 문제가 되지 않았다. 오히려 즐거운 오락거리였다.

데일 카네기는 가난한 산골짜기 출신이었다. 그는 유년 시절, 가족이 가난에서 벗어날 수 없다는 사실에 매우 큰 충격을 받았다. 성장해가는 동안 가난한 시골을 벗어나 큰 도시에 살면서 일주일 내내 하얀 칼라가 달린 옷을 입을 것이라고 결심했다고 한다. 동시에 그는 부에 대한 갈망을 가지게 된다. 카네기가 세상에 대한 관점을 바꾸고 자존감을 키우라고 강조했던 것은 그 자신이 가난한 청소년기를 보냈기 때문이다.

《부의 지혜》에서 오리슨 S. 마든은 이렇게 말했다.

"사람들은 가난에서 벗어나려고 할 때 지향하는 목표보다 그 과정에서 얻어지는 것들이 가치가 있다고는 생각하지 않는다. 가난과 전력으로 싸워 몸에 익힌 강인함이야말로 돈, 재산보다 가치가 있다는 걸 깨닫지 못한다."

그가 말한 것처럼 가난은 우리가 생각하는 것처럼 부정적이지만은 않다. 가난이란 환경은 거기서 벗어나고자 하는 욕망, 부에 대한 갈망을 갖도록 해준다. 삶을 개척하고 스스로를 성장시켜야겠다는 생각이 더 강렬해지도록 해준다.

부모로부터 독립한 후 혼자 힘으로 생활을 꾸리기 시작한 지 얼마 되지 않아 나는 내가 돈에 대해 부정적으로 생각하고 있다는 사실을 알게 됐다. 월급을 받은 지 얼마 되지 않았는데도 돈이 떨어지지는 않을까 몹시 불안했다. 실직해서 월급을 받지 못하게 되면 어쩌나 하는 걱정이 계속됐다. 그러다 문득 내가 돈에 대한 온갖 근심에 싸여 전전긍긍하며 살고 있다는 생각이 든 것이다. 한 번도 직장을 구하지 못한 적이 없고, 돈을 벌지 못한 적도 없었는데도 늘 불안함이 있었다. 이런 불안증세가 어디서부터 왔을까, 찬찬히 기억을 더듬어봤다.

근원은 어릴 적 기억에 있는 것 같았다. 어렸을 때 어머니는 늘 돈 걱정을 하셨다. 오 남매가 육성회비를 내지 못해 학교 선생님한테 줄줄이 불려가 혼이 난 적도 많았다. 몇 달에 한 번씩 닥치는 육성회비 내는 날은 서로 학교 가기 싫다고 억지를 부리는 무슨 기념일과도 같았다. 전에는 내가 왜 그렇게 돈에 대한 두려움을 가지는지 이유를 알지 못했는데 바로 그 때문인 듯했다. 그동안 무의식 속에 가지고 있던 돈에 대한 부정적인 생각들 때문에 그 불안함을 당연한 듯이 받아들이며 살았던 것이다. 어렸을 적 육성회비 내는 날, 그때부터 두려움과 불안함이 나를 쫓아다닌 셈이다. 그래서 내가 부유해지겠다는 꿈도 접었고, 그러다 보니 지금 현실에 이르렀다는 것도 알게 됐다.

어린 시절 뇌리에 박힌 돈에 대한 부정적인 인식은 노력을 하는데도 실패만 거듭하는 원인이 됐다. 가난을 당연한 듯 받아들이고 나를 옭아매는 족쇄처럼 여기는 것, 내게 필요한 것은 이 족쇄를 끊어 벗어던지는 것이었다. 마구 뒤엉켰던 문제의 실마리를 붙잡고 나니 이 부정적인 인식을 꼭 바꿔야겠다고 결심하게 됐다.

동기부여 대가인 지그 지글러는 이렇게 말했다.

> "뭔가를 잡고 싶으면 그것이 널리 퍼진 곳으로 찾아가면 된다. 올바른 정신자세를 취하고 싶다면 자세가 잡혀 있는 곳으로 가라. 다시 말해 올바른 정신자세를 배울 만한 사람들에게 가는 것으로 시작하라."

그렇게 내 갈급함을 채우기 위해 배움을 찾아 나선 길에서《내가 상상하면 꿈이 현실이 된다》의 주인공 김새해 작가를 알게 됐다. 그녀는 내가 겪었던 것보다 훨씬 더 극심한 가난을 겪었지만 자신의 꿈을 하나씩 이루어가고 있었다.

빚에 쫓겨 어린 나이에 국경을 넘어야만 했던 일을 시작으로, 노점상에서 일용직 노동자에 이르기까지 돈을 벌기 위해 안 해본 아르바이트가 없을 정도였다. 과로로 신장에 무리가 가서 고통스러운 투병생활을 하기도 했다. 두 살배기 아이를 등에 업고 책을 읽으며 글을 쓰던 그녀의 모습 앞에 '책을 쓸 시간이 없다'며 핑곗거리만을 찾던 나 자신이 한없이 부끄러웠다. 힘든 삶에서도 희망을 바라보며 그녀는 자신의 한계를 넘었다. 그런 그녀의 모습을 지켜보며 '나는 안 돼'라는 부정적인 생각들로 가득 차 있던 나 역시 절망의 강을 희망을 품고 건너기 시작했다.

그녀는 대중 앞에서 '내가 해냈다면 당신 또한 분명히 할 수 있고 이룰 수 있다'고 강조한다. 역경 속에서도 멈추지 않는 꾸준한 노력이 사람의 가치를 만들고 기적을 가져다줄 것이라며 희망의 메시지를 주었다. 그녀의 외침에 나 역시 좌절과 가난을 벗어던지고 성공할 수 있으리라는 확신을 갖게 됐다. 또한 그녀는 '언젠가는 하겠지'라며 성공을 막연히 바라보던 나에게 '지금 당장' 실천할 힘까지 실어주었다. 가난과 패배감에 젖어서 스스로가 형편없다며 자책만 하고 있던 내게 잠재력을 발견하게 해주었다. 가능성을 열어준 것이다.

가난을 이기고 자신의 힘으로 성공한 사람들의 탑은 쉽게 무너지지 않는다. 어려움을 이기기 위해 단단히 다져놓은 원칙의 주춧돌 위에 숱한 노력이라는 단단한 벽돌로 쌓은 것이기 때문이다. 가난은 단지 불편한 것이다. 즐길 수 있는 것은 아니지만, 이기고 나면 반드시 행복이 찾아온다. 가난을 극복했을 때 느낄 수 있는 행복감이 얼마나 큰지는 경험해보지 않은 사람은 절대 모른다. 공짜로 얻어지는 행복감보다 몇 배, 아니 수백 배는 크다. 처음부터 부유했다면 이런 행복을 알 수가 없다.

　가난은 이길 수 있는 것이고 얼마든지 성공의 밑거름이 될 수 있다. 가난이라는 환경을 부정적으로 받아들이지 않는다면 오히려 행복의 문을 열어주는 빛나는 '황금 열쇠'가 된다.

시대가 만든
파란만장한 직업들

"전화 주셔서 감사합니다. 대출 상담사 언니들은 전화 끊어주세요. 보험사, 카드사 상담사 언니들도 전화 끊어주시면 감사하겠습니다."

전화로 보험영업을 하던 중 듣게 된 통화 연결음이다. 친절하고 앙증맞은 목소리였지만, 그 내용은 대번에 내 기세를 꺾어놓았다.

'아! 이런 전화를 얼마나 많이 받았으면 연결음을 이렇게 설정했을까.' 전화를 받는 입장에선 그럴 수도 있겠다 싶었다. 나 역시 영업을 하는 도중에 휴대폰으로 이런 전화를 받게 되니 말이다. '앙증맞은' 거절에 어이없는 웃음이 나왔고, 맥이 탁 풀려 헤드셋을 내려놓고 말았다. 더는 전화를 돌릴 수가 없었다.

몇 년 전 나는 그 귀찮은 목소리의 주인공인 대출회사, 보험회사, 카드회사의 상담사 언니였다. 한동안 생계를 이어갈 수 있게 해준 나의 직업, 바로 텔레마케터다. 대한민국에서 휴대폰을 가지고 있는 사람이라면 누구나 업무 중에, 회의 중에, 그리고 운전 중에 이와 같은 전화를 한 번쯤은 받아봤을 것이다. 그리고 전화를 건 나도 수없이 거절당했다.

2000년대 이후 대부분이 휴대폰을 소유하게 됨과 함께 유통채널에서도 변화가 일어났다. 바로 휴대폰을 이용한 TM영업으로 저비용, 고효율을 지향하는 기업들이 너나없이 이 방식을 도입했다. 이에 따라 텔레마케터 인력이 급증했고, 현재는 텔레마케터를 직업으로 삼고 생계를 이어가는 사람이 무려 10만 명이다.

얼마 전 개인정보 유출 사건은 TM영업의 팽창이 가져온 폐단의 일면이다. 일부 업체가 법을 어겨가면서까지 영업을 했기에 정식으로 허가를 받고 영업하던 텔레마케터들까지도 피해를 봤다. 하지만 TM영업에 대한 부정적인 시각은 지나친 면이 있다. 텔레마케터 영업은 중간 유통 과정의 수수료를 줄여 소비자가 상품을 좀 더 저렴한 가격에 편리하게 구입할 수 있도록 해주는 유통채널이다. 단점이 있지만 장점도 있는 만큼 나쁘게만 생각할 수는 없다. 관련 업체들이 엄격한 개인정보 보호 기준을 마련하고 제도가 강화되어서 텔레마케터들도 고객의 신뢰 속에 신념을 가지고 일할 수 있었으면 한다. 그리고 소비자들도 저렴한 상품을 구입할 기회를 얻게 되니 텔레마케터를 나를 방해하는 사람으로만 취급하지 않았으면 좋겠다.

직업이 워낙 다양해지고 세분화되면서 우리가 잘 모르는 직업도 많다. 흔히 유망직업, 잘나가는 직업이라고 불리는 직업들은 대개 정해진 자격증을 요구한다. 자격증을 취득하기 위해서는 많은 노력과 시간, 돈을 쏟아 부어야 한다. 그러다 보니 좋은 건 알지만 '그림의 떡'의 되는 경우도 많다.

내가 경험한 몇 가지 직업 중에는 나름대로 고소득을 올렸지만 학력이나 경력, 나이에 크게 제한을 두지 않는 것들도 있었다. 그 중 하나가 방카슈랑스 전문 판매인이다. 이는 2003년 은행에 도입된 방카슈랑스제도와 함께 생긴 직업이다. 방카슈랑스제도는 은행이 보험회사와 연계해 창구에서 보험상품을 판매하는 것으로 새로운 형태의 금융서비스다. 보험상품이 복잡하고 설명이 많이 필요한 상품이다 보니 은행이 자행 직원 외에 외부 방카판매 전문 인력을 두게 된 것이다.

방카슈랑스제도는 전 은행에서 시행하고 있기에 잘 알려져 있지만, 방카슈랑스 전문 판매인은 일부 은행에서만 두고 있어서 잘 모르는 사람이 많다. 나는 2003년 방카슈랑스 시대가 시작될 때부터

방카슈랑스 전문 판매인, 영업 마케터, 방카슈랑스 텔레마케터로
7년을 종사했다. 외국에서 새로이 유입된 제도이고 그에 따른 새
로운 형태의 직업이다 보니 가까운 친구조차도 내 직업이 구체적
으로 어떤 일을 하는 건지 잘 모를 정도였다. 통계가 없어 인원이
정확히 파악되진 않았지만 당시 대략 1,500명 정도가 전문 판매인
으로 종사했다. 시대가 빠르게 변하기에 없어지는 직업들이 무수
히 많듯이 이 직업도 지금은 사라져 가고 있다.

고객을 우선으로 하는 서비스 시대의 흐름에 걸맞게 고객만족을
위해 새로이 창출된 서비스 직종들도 많다. 일명 평가단, 모니터,
미스터리 쇼퍼(Mistery Shopper)라는 것이다. 소비자들의 의견을
수렴하고 성향을 분석하기도 하며, 제품 사용 후 고객들의 반응을
살피는 일이라고 보면 된다. 까다로운 소비자의 흐름을 분석하고
고객층을 확보하기 위해 기업들이 이런 시스템에 많은 투자를 하
고 있다.

평가단이나 모니터는 직접 고객이 되어서 옷을 입어보거나 화장
품을 발라보거나 새롭게 출시될 먹거리 상품을 먹어보고 평가해
리포트를 제출하는 일들을 한다. 미스터리 쇼퍼는 실제 고객인 것
처럼 위장해 은행, 백화점, 주유소 등에서 직접 상품을 구매하면
서 직원의 친절도를 측정한다. 그 외에 매장 환경 등 고객이 불편
하게 생각할 만한 사항들을 체크하여 회사에 보고서를 제출하고

보수를 받는다.

방금 소개한 일들은 전부 아이를 유모차에 태우고 다니면서 아르바이트로 직접 경험했던 것들이다. 보수가 많지는 않았지만 재미도 있고 보람도 있는 일들이었다.

위의 사례처럼 주변에 있는데도 우리가 잘 모르는, '듣도 보도' 못한 생소한 직업들이 많다. 아무런 사회 경험이 없는 상태에서 무엇을 할 수 있을지 막막할 때는 이렇게 가벼운 일로 사회에 발을 들이는 것도 좋은 방법이다. 이런 일들은 그동안 내가 배운 것하고는 전혀 상관이 없는 것들이었다. 아이를 낳고 집에서만 할 수 있는 일을 하다가 막상 사회에 나오려고 하니 용기가 나지 않아 한동안 이런 일들을 하며 생활했었다. 경력이 없어도 가능하며, 발품을 열심히 팔겠다는 의지만 있으면 누구나 할 수 있는 일들이다. 이렇게 일하면서 돌아다니다 보니 전에는 보이지 않던 새로운 세계를 경험하게 됐고, 그 덕에 시야가 트였다. 없던 자신감도 생기게 됐다. 이렇듯 자신의 강점을 발견할 기회가 되기도 하니, 어떤 일이든 꼭 시도해보길 바란다.

한 가지 직업을 가지고 평생 가고 싶어도 그러기가 어려운 세상이다. 사회가 놀라운 속도로 변하고 있기 때문이다. 사람들 뜻과는 상관없이 직업이 '파란만장'해져 가고 있는 것이다. 갈 곳이 없다고 아우성치는 사람이 많지만 우리 곁에는 파란만장한 직업들이 곳곳에 널려 있다. 많은 일을 할 수 있으므로 그만큼 가능성을 발견할 기회도 많다.

실제로, 파란만장한 직업들을 겪는 동안 자신에게 꼭 맞는 직업을 만나 반전의 기회를 얻어 성공한 이들이 많다. 자신의 분야를 바꾸면서 인생 전체를 '리셋'하는 이들도 많이 보아왔다.

대한민국 사람이라면 다 아는 그녀, '한비야'가 그중 한 명이다. 국제홍보회사에서 잘나가는 홍보 담당이던 그녀는 "나는 세상이 만들어놓은 한계와 틀 안에서만 살 수가 없다"고 선언하고 '지도 밖으로 행군했다.' 오지 여행가로 길을 나섰고, 여행 작가로 변신했으며, 지금은 월드비전에서 국제구호활동으로 선한 영향력을 펼치며 자신만의 위대한 인생을 살고 있다.

파란만장이라고 하면 가장 먼저 떠올리는 것이 고생일 것이다. 하지만 변화무쌍한 시대이니만큼 지금의 파란만장은 오히려 기회라고 해야 하지 않을까? 성공한 사람들 대부분이 파란만장한 삶을 살다가 성공가도에 올랐다. 특히 직업의 파란만장이 그러했다.

세계적 프랜차이즈인 맥도날드 햄버거는 창업 스토리도 널리 알려져 있는데, 그 주인공 레이 크록이야말로 파란만장한 직업의 대표 인물이라 할 만하다. 20대에는 피아노를 연주하면서 생계를 유지했다. 30대 때는 종이컵 세일즈맨으로, 40대에는 아이스크림 기계와 믹서기를 판매하는 영업사원으로 일했다. 이를 통해 그가 쌓아온 다양한 경험과 안목이 오늘날 맥도날드 햄버거의 성공을 가져온 것이다.

　같은 사람일지라도 어떤 직업을 가졌느냐에 따라 자신의 역량을 발휘할 수도 있고, 가진 재능을 펴보지도 못하고 묻혀버리기도 한다. 우리 사회는 직업을 선택하는 데에도 유난히 돈과 남의 시선에 얽매이는 경향이 있다. 그런 분위기 때문에 '파란만장'이 대번에 '고생'으로 연결된다. 그 때문에 개인의 창의성과 재능이 발휘되지도 못한 채 아깝게 버려지는 일이 허다하다.

　직업의 파란만장이 고생이 아니라 가능성과 기회로 받아들여지기를 바란다. 그래서 사람들이 세상으로 나가 긍정적인 변화를 일으키기를, 많은 것을 경험함으로써 서로 다른 일을 하는 사람끼리도 공감하고 열린 마음을 가질 수 있기를 바란다.

COMPANY
Street #: Street
City #: city
phone #: 1231231-1231231
e-mail #: xxxx1abc.xx

손만 대면
마이너스라니

　남들은 돈을 잘만 벌던데, 나는 왜 손대는 것마다 마이너스를 만들고 마는 걸까?

　샐러던트 생활을 하면서 대학 학비를 충당하느라 목돈 모을 기회가 전혀 없었던 나는 1억 원의 종잣돈을 만들 기회를 얻었다. 우연히 알게 된 '1억 만들기'라는 인터넷 카페를 통해서였다. 그곳에서 알려준 방법과 내 나름의 방법, 즉 '짠순이' 비법으로 5년 동안 1억 모으기에 결국 성공했다. 들어오는 수입 대부분을 쓰지 않고 악착같이 저축한 결과였다.

　직장인이 월급을 가지고 목돈을 모은다는 것은 결코 쉬운 일이 아니다. 얼마나 안 쓰고 살았던지 1억 원을 다 모을 때쯤엔 신고 다닐 양말이 하나도 없을 정도였다. 하지만 그렇게 힘들게 모은 돈은 얼마 가지도 못하고 '마이너스'가 되고 말았다. 어렵게 모은 1억 원에다 받을 수 있는 최대한도의 대출금을 합해서 집을 산 것이다. 집을 산 건데 왜 마이너스냐고? 집을 구입한 때가 2009년 10월 말의 일이었기 때문이다. 지금으로부터 5년 전, 당시를 기억하는 사람이 많을 것이다. 너도나도 빚을 얻어 집을 사는 분위기였다. 그렇지만 태어나서 처음으로 내 이름으로 된 집을 갖게 된 기쁨도 잠시, 집을 산 바로 다음 달부터 집값이 내려가기 시작했다.

또한 호기심에 처음 손을 댄 주식투자에서도 마찬가지였다. 계속 오르던 주가가 내가 사고 나니 하한가를 쳤다. 은행에 가입했던 펀드도 마이너스였다. 따로 돈에 여유가 있어서 시도했던 것들이 아니었다. 전부 빚을 내서 한 것들이었다. 그렇게 남들 하니 나도 무턱대고 따라 하다가 결국 통장엔 마이너스만 남게 됐다.

오래전 처음으로 도전한 사업 기회에서도 가슴 쓰라린 경험을 했다. 1997년이었다. 10년가량 직장 경력을 쌓은 후 가장 자신 있게 할 수 있는 일이 무역 업무라 생각됐다. 큰 용기를 내어서 무역 회사를 차렸다.

직장생활을 해서 조금 모아놓은 돈을 가지고 가장 싼 임대보증금에 월세를 내는 작은 사무실을 구했다. 내가 사장이고 내가 직원이었다. 다니고 있던 직장은 새롭게 차린 회사가 자리를 잡기 전까지는 계속 다니기로 했다. 투잡을 하기로 한 것이다.

직장 퇴근 후 그리고 주말을 이용해서 내 사무실로 출근했다. 사장이 되니 누가 퇴근하지 말라고 하는 것도 아닌데 사무실에서 먹고 자는 게 일상사가 됐다. 당시 러시아가 개방된 직후여서 러시아와의 무역이 막 활발해지기 시작할 무렵이었다. 나는 러시아로의 진출을 꿈꿨다. 중국 시장도 서서히 커질 즈음이어서 두 나라를 상대로 무역 거래를 하면 돈을 많이 벌 수 있을 것 같았다. 그렇게 한 걸음씩 걸음마를 떼어가고 있었다. 조금만 더 내디디면 결실이 보이려던 참이었다.

그러나 그해 7월, 무역거래를 하는 데 환율이 널뛰듯 불안정해졌다. 그리고 몇 개월 지나지 않은 11월에 IMF가 터졌다. 나의 첫 사업무대였던 무역사업은 IMF 벽에 가로막힌 채 거기 멈춰 서버렸다. 어렵사리 뚫은 해외 거래처와 계약 전 단계에 있던 때라 크게 환차손을 보지 않은 것만도 다행이었다.

나는 사업가의 꿈을 접고 다시 직장인으로 돌아왔다. 매달 월급이 꼬박꼬박 나오는 직장인이 나의 체질이라 스스로 위로하면서…. 내 통장엔 마이너스만이 남은 채였다. 그 후로 다시는 사업 시도를 하지 않게 됐다.

시도했던 많은 일이 이렇게 마이너스가 된 이유는 어쩔 수 없는 당시의 외부 환경 탓이라고 변명할 수도 있다. 하지만 엄밀히 따져보면 많은 사람이 하는 선택을 줏대 없이 따라가기만 했던 것이 가장 큰 이유다. 아무것도 모르는 채 남이 하니 나도 하기 바빴다. 좀 더 신중하게 시간을 가지고 준비할 필요가 있었음에도 모든 걸 너무 쉽게만 생각했던 것이다.

무슨 일을 하든지 돌발 사태에 대한 대비책을 사전에 마련해두어야 한다는 것도 그때 절실히 깨달았다. 시간과 경제적인 손실도 손실이었지만 정말 예상치 못한 일들로 혹독한 경험을 했었다. '어떤 일이든 성과를 내기 위해서는 그에 상응하는 준비기간도 필요하다'는 것 또한 절실히 깨달았다.

이민규 박사는 《실행이 답이다》에서 이렇게 말했다.

> 최고의 경영자, 전쟁을 승리로 이끄는 장수, 위대한 정치가는 어떤 면에서 보면 모두 지독한 겁쟁이다. 그들은 추진하는 일에서 상상할 수 있는 모든 나쁜 상황을 예상하고 이에 대한 예비계획을 마련해 둔다. 또한 성공한 개인과 최고의 기업은 정상에 오를수록 위기 상황을 더 많이 생각하고 더 신중하게 대비한다.
>
> 실패한 사람들은 실패할 수밖에 없는 길고 긴 핑계들을 찾아낸다. 자신들에게 닥칠 돌발사태들을 예상해 보지도 않고 대책도 없이 살면서 말이다. 성공하는 사람들은 도전정신 하나로 무모하게 위험을 감수하지 않는다. 또한 자기에게 닥친 위험을 회피하지도 않는다. 그

그 후로도 몇 번의 실패가 있었다. 급하게 실행한 일들이 마이너스로 돌아서자 마음이 다급해져 인내심을 발휘하지 못했다. 조금만 기다렸더라면 플러스로 돌아설 수도 있었는데, 그런 기회조차 너무나 쉽게 포기해버렸다. 그렇게 되자 스스로 '난 마이너스의 손이구나! 뭘 해도 안 되는구나'라고 인식하게 됐다. 이렇게 박힌 인식은 쉽게 지워지지 않았다.

생각을 파산하는 데 바치기 때문에 파산을 경험하는 것이다. 마음은 그 정도로 강력한 힘을 지니고 있다. 긍정적인 의도는 마음의 아주 작은 한귀퉁이만 차지하고 있다. 나머지는 그 의도가 제거하길 바라는 문제에 집중돼 있다. 마음은 그 정도로 강력한 힘을 지니고 있다.

《소원을 이루는 마력》에서 팸 그라우트가 한 말이다. 그의 말처럼 내가 원하는 것은 미다스인데 오히려 마이너스 문제에 전전긍긍했다. 결국, 미다스가 되도록 힘을 모을 수 없었던 것이다. 그러다 보면 내가 원하지 않는 방향으로 갈 수밖에 없다. 긍정적인 시도를 하고 있으면서도 마음은 오히려 부정적인 마음으로 꽉 차 있으니 결과가 뻔했던 것이다.

누구나 자신이 손대는 일마다 잘되는 '미다스의 손'이 되길 바랄 것이다. 하지만 그렇게 바라면서도 사람들은 무언가를 시작할 때 '될 것이다'라는 생각보다는 '될까?'라는 의심하는 마음을 더 많이 가진다고 한다. 의심은 두려움을 갖게 하고 두려움은 자신감을 먹어치운다. 자신감이 없으니 자꾸 자신을 궁지로 몰아넣어 안 되는 쪽으로 향하게 한다. 결국 마이너스 결과를 끌어당기게 되는 것이다.

나도 마찬가지였다. 머릿속에는 온통 '안 되면 어쩌지!', '어려운 일이 닥치면 어쩌지!', '망하는 거 아니야?', '집값이 떨어지는 거 아닐까?', '거래처가 망하는 거 아닐까?' 하는 생각뿐이었다. 끊임없이 의심하고 걱정했으며, 부정적인 생각과 상상들로 가득 찼었다. 바라는 것과 정반대의 생각만을 한 셈이다.

긍정의 결과를 얻으려면 긍정의 에너지가 넘쳐야 한다. 그럼에도 우리는 왜 이리도 긍정이 어려운가? 자신에 대한 확신이 없어서가 아닐까? '할 것이다, 될 것이다, 이루어질 것이다'라는 믿음과 확신, 바로 그 확신이 필요하다.

우리는 밥벌이 인생

직장이 아니라 직종이다

직장인의 애환

둘 중 하나는 비정규직

뛰어다니는 경험대백과사전

직업에 대한 고정관념

2장

·

마흔 번의 이직,
마흔 개의 직업

COMPANY
Street #: Street
City #: city
phone #: 12310111 1231231
e-mail #: xxxxxxxx.xx

우리는
밥벌이 인생

　주말이 지나가면서 시시각각 다가오는 월요일. 월요일을 좋아하는 직장인은 아마도 없을 것이다. 일요일 오후가 되면 월요일 아침을 생각하면서 뒷목과 어깨에 밀려오는 '쓰나미' 같은 스트레스로 몸서리칠 것이다. 하루만 더 쉬었으면…. 1년 열두 달, 매주 일요일 오후는 어김없이 이런 스트레스와 아쉬움으로 먹구름이 잔뜩 낀다.

　30년간 직장생활을 한 나 역시도 월요일 아침은 여전히 적응이 안 되고 싫기만 하다. 때론 공포스럽다고 느껴질 때도 있다. 내가 다녔던 대부분 회사에서는 월요일 아침에 주간회의를 했다. 그것도 평소 출근 시간보다 한두 시간 앞서 회의가 잡히니 더욱 부담스러웠다. 요즘은 회의문화가 수직적이지 않고 수평적으로 바뀌어 자유롭고 편안한 분위기에서 진행되기도 한다. 하지만 여전히 회의는 직속상관 또는 사장이 일방적으로 주도하기 마련이며, 학창시절 교장 선생님 훈화와 같은 내용으로 채워진다. 한 얘기 또 하고 한 얘기 또 하는 지겹기만 하던 그 시간, 사회에 나와서도 '훈화 말씀' 때문에 월요일 아침 출근길 발걸음이 더욱 무거워진다.

그래도 이렇게 밥벌이를 위해 출근할 수 있는 직장이 있다는 게 얼마나 다행인가? 정말로 고마운 일이 아닐 수 없다!

공병호 박사는 언젠가 '사람들은 직업을 왜 가질까?', '직업에서 원하는 것은 무엇일까?'라는 질문에 본질적으로 세 가지를 충족시켜야 한다고 말했다. 첫째는 밥 먹는 것, 둘째는 일을 통한 성장, 세 번째는 조직과 사회의 가치를 구현하는 것이라고 했다. 하지만 그의 말은 현실 세계에서 이루기 힘든 저 먼 세상의 이야기처럼 들린다. 더 솔직하게 말하자면, 탁상공론에 불과한 것 같다. 나 자신에게 물어본다면 오로지 밥 먹는 것 외에 다른 답을 생각할 여지가 없다. 누군들 일을 통해 성장하고 싶지 않겠는가. 누군들 기왕이면 조직과 사회의 가치를 구현하고 싶지 않겠는가. 하지만 그럴 여유가 없다. 밥벌이만으로도 빠듯한 세상이다. 나만 그런 게 아니라, 많은 사람이 이렇게 살아가고 있지 않을까? 그럼에도 우리는 밥벌이 외의 것을 고민해봐야 한다.

몇 년 전 나는 전단 돌리기 아르바이트를 한 적이 있다. 하루에 2,000장이 넘는 전단이 개인별로 할당된다. 전단을 배낭에 넣고 다니며 다람쥐처럼 빠르게 움직여야 그날 할당량을 겨우 채울 수 있다.

어느 날, 한 아파트 단지에서 전단을 우편함에 막 넣고 있는데 뒤에서 뭔가 섬뜩한 기운이 느껴졌다. 슬그머니 뒤를 돌아봤더니 아니나 다를까 아파트 경비원이 거기 딱 서 있었다. 경비원은 지금 우편함에 넣어놓은 것들을 모조리 수거하지 않으면 경찰에 신고하겠다고 엄포를 놓았다. 나는 할 수 없이 이미 힘들게 넣어놓은 전단을 다 수거해서 가방에 담아야 했다. '분명 경비원이 없는 것을 보고 들어왔는데 어떻게 나를 발견했을까?' 전단을 돌리면서 경비원한테 걸리지 않는 요령을 나름 익혀가고 있던 참이었다. 내가 아무리 경비원 눈에 띄지 않게 다녀도 경비실에 설치된 CCTV를 통해서 다 보고 있다는 사실을 나중에 알게 됐다. 일반 주택에만 살아봤기에 그런 사실을 전혀 몰랐던 것이다.

경비원에게 내 사정 이야기도 하면서 한 번만 봐달라며 통사정도 해봤다. 하지만 그는 자신의 업무 중 하나는 이런 일을 단속하는 것이며, 만약 봐주었다간 주민들의 민원이 들어오니까 입장이 곤란하다고 했다. 더군다나 아파트 관리소 소장한테 지적이라도 받게 되면 자기 자리가 위태해진다며 '밥벌이'를 위해서 어쩔 수 없다고 했다. 나이가 지긋하신 경비원 아저씨가 그렇게까지 말하니 더는 어쩔 수 없었다. 그렇게 전단을 가지고 아파트를 돌며 경비원 아저씨들과 부딪히는 일이 많아지자 그 일도 할 수가 없게 됐다. 내 밥벌이 때문에 다른 사람의 밥벌이를 위태롭게 한다는 생각이 들어서 마음이 불편해졌기 때문이다. 도대체 밥벌이가 무엇이길래 그 앞에선 이렇게 '인정사정'을 고민하게 되는 걸까?

신화학자 조셉 캠벨은 "밥이라는 것은 다른 살아 있는 것들을 죽여서 먹는 것이다"라고 말했다. 그의 말마따나 밥벌이를 위해 우리는 그토록 애타게 부르짖는 자유, 즐거움, 배려 등 많은 것을 희생시킨다. 그런 이유로 직장인들에게 돈을 벌어서 무엇을 가장 얻고 싶으냐고 물으면 대다수가 '자유'라고 대답한다. 밥벌이로부터 자유로워지고 싶은 마음은 누구나 같을 것이다.

우리가 평생 생계를 유지하는 문제, 즉 '밥벌이 인생'에서 벗어날 방법이 과연 있을까? 성공철학의 대가인 나폴레온 힐이 그 방법을 제시했다. "언제나 명확하고 체계적으로 수립된 계획을 바탕으로 확실한 일에만 몰두한다." 인생에서 반드시 이뤄야 할 중대한 목표를 향해 노력하다 보면 밥벌이 인생에서 벗어날 수 있다는 것이다.

당장 눈앞에 닥친 생활과 밥벌이에 급급하며 살 것인지 담장 너머의 세상을 꿈꾸며 자신의 앞날을 계획하며 살 것인가는 자신의 선택에 달려 있다. 나는 '하루하루 입에 풀칠만 하면 다행이다'라며 밥벌이의 노예로 살아왔다. 하지만 그렇게 해서 결국 남은 건 빚에 억눌려 있는 내 모습뿐이었다. 대부분 사람의 삶이 나와 다르지 않다. 밥벌이를 위해 자신이 살고 싶은 인생을 선택하지 못하고 스스로 족쇄를 차고 불안에 휩싸인 채 살아가고 있다. 더욱 안타까운 것은 밥벌이라는 틀에 갇혀 자신의 문제가 뭔지도 모른 채 살아가는 사람들이 많다는 것이다. 한때는 나 역시 그런 사람들 중 하나였다.

지금 우리는 스스로에게 다시 한 번 질문해볼 필요가 있다. 밥벌이라는 감옥에 자신을 가두고 계속 노예로 살아갈 것인지 아니면 당장 탈출해서 자유인으로 살아갈 것인지를.

직장이 아니라
직종이다

첫 직장이 중요하다는 것을 나는 오랜 시간 시행착오를 겪으며 직접 경험했다. 마흔 번의 직장을 돌고 돌아 현재의 자리에 왔는데, 결국은 첫 직장에서 했던 일과 비슷한 일을 하게 됐다는 것을 알고 놀랐다. 나 나름대로는 남들이 잘 선택하지 않는 어려운 일도 시도해봤고 새로운 직업에도 도전해봤다고 생각했다. 그렇지만 결과적으론 첫 직장 주변에서 맴돌았을 뿐 멀리 벗어나지 못했다. '처음에 들어간 회사가 제일 좋았다'라는 말을 흔히 하는데 그게 괜한 말이 아님을 알게 됐다.

처음 경험하게 되는 사회생활, 첫 직장의 구성원 그리고 그곳의 분위기와 일했던 방식은 처음이라는 것 때문에 깊이 각인되어버린다. 그래서 직장을 옮기더라도 첫 경험에서 만들어진 자신만의 틀로 연결고리를 만들어 사회생활을 하게 된다는 것을 깨달았다. 사회를 바라보는 시야 또한 첫 직장의 경험들을 토대로 하게 된다. 그 경험 안에 한정 짓고 그 경험을 기준으로 하여 무언가를 찾게 된다. 첫 직장이 한 사람의 미래에 지대한 영향을 미친다고 하는 말이 지나친 말이 아니었음을 몸으로 체득한 셈이다.

그런 결과로 첫 직장에서 두 번째 직장으로 옮기는 데에도 신중하지 않을 수 없다. 첫 직장에서 한 번 옮기고 나면, 이는 그다음 직장으로 옮기는 데 영향을 주고 옮기는 경우 또한 더욱 빈번해진다. 나를 포함해 직장을 한 번 이상 옮긴 지인들의 사례를 보더라도 대부분이 그랬다. 한 번이 두 번, 세 번이 되고 세 번이 다섯 번, 열 번이 됐다.

누구나 좋은 직장에서 안정된 생활을 영위하고 싶어 할 것이다. 나도 분명히 그랬지만, 생계를 위해 그리고 생존을 위해 옮겨다녀야만 했다. 마흔 번이 넘는 직장을 경험했으니 끊임없이 옮겨다닌 셈이다. 얼핏 들으면 인내심이 부족해 한곳에 정착하지 못하고 여기저기 떠돈 것처럼 보인다. 마치 철새처럼 말이다. 하지만 철새가 수억만 리 먼 곳을 오가는 것은 재미로 그러는 게 아니다. 생존을 위해 자신들의 안정된 서식지를 찾아 목숨을 거는 것이다. IMF 이후 비정규직의 확대로 나처럼 여기저기 직장을 옮겨다닐 수밖에 없는 사람들이 엄청나게 많아졌다.

2013년 취업포털 커리어가 직장인 724명을 대상으로 '이직 경험'에 대한 설문조사를 한 적이 있다. 결과를 살펴보면 5~10년 차 직장인의 경우 평균 이직 횟수가 2.5회로 나타났다. 10~15년은 4회, 15~20년 차는 4.2회, 20년 차 이상은 4.5회로 집계됐다. 《한국직업발달사》를 저술한 김병숙 교수도 비슷한 결과를 내놓았다. 한 직장에서 평균 8년을 근무하며, 한곳에서 3년 이상 근무하면 옮기고 싶어 한다고 분석했다.

이를 통해 알 수 있듯 이제는 한 사람이 한곳에 머물러 평생직장으로 삼는 경우는 드문 일이다. 집계에 포함되지 않은 비정규직의 이직 횟수까지 따진다면 수치가 두 배 이상 늘어날 것이다. 현시대 직장인의 절반 가까이는 모두가 알고 있듯 비정규직이다. 한번 비정규직이 되면 정규직으로 전환되기는 하늘의 별 따기만큼이나 어려운 현실이다. 1년이나 2년마다 계약이 연장되지 않으면 직장을 옮겨다닐 수밖에 없는 처지여서 비정규직은 정규직보다 이직률이 더욱 높다.

이들이 직장을 옮기는 이유 또한 생존을 위해서가 대부분이다. 한 직장에서 참고 오래 버티기도 어렵겠지만, 직장을 옮기는 것도 그에 못지않게 어려운 문제다. 환경이 바뀌면 불안정해지는 탓에 정신적으로 어렵고 힘들어진다.

얼마 전, 예전에 같은 직장에서 일했던 직장 후배를 만났다. 그녀는 지금 자신이 처한 현실이 벼랑 끝이라며 고민을 털어놨다. "선배님, 월급이 적어도 좋으니 한 직장에 오래 있고 싶어요. 올해 들어 아홉 번째 이동이에요, 이제 옮겨다니는 것도 지쳤어요. 옮기면서 수입에 공백이 생기다 보니 빚만 자꾸 늘어가고 어떻게 해야 할지 모르겠어요."

후배는 특수고용직의 텔레마케터였다. 얼마 전 개인정보 유출 사건으로 TM(텔레마케터)시장이 직격탄을 맞자 몇 달째 급여를 못 받는 처지로 내몰렸다. 일하던 영업점들이 문을 닫는 경우도 많아졌다. 실적이 나올 수 있는 TM센터로 전전하다 보니 1년 동안 아홉 번이나 옮기게 된 것이다. 특수고용직은 여건상 실적급이 대부분이어서 더욱 그렇다. 실적이 없으면 옮겨야 한다. 그들에게 1년에 세 번 옮기는 건 흔한 일이다. 그 후배는 다행히 개인회사의 경리직으로 안정된 직장을 구하긴 했지만, 그마저 최저임금이다.

한 직장에서 참고 오래 견디는 것만큼이나 이직은 어렵다. 인간은 누구나 변화를 두려워한다. 새로운 환경과 일에 익숙해지기까지 강한 스트레스를 받는다. 나는 그러한 경험을 많이 했다. 그때마다 생각했었다. '이런 경험은 다시 하고 싶지 않아!' 다시 겪고 싶지 않을 만큼 적응에 대한 부담감은 늘 컸다. 경험 많고 환경 변화에 유연함을 가지고 있다고 자신하는 나조차도 새로운 환경을 접하면 감당하기 버거운 스트레스를 받는다.

주변 사람들은 나에게 어떻게 그렇게 직장을 쉽게 옮기고 쉽게 들어가느냐고 묻는다. 하지만 나는 어느 한 곳 쉽게 퇴직을 결정한 적이 없었다. 어느 한 곳 쉽게 들어간 곳 또한 없었다. 직장을 옮기면서 써내려간 이력서와 자기소개서의 양만 봐도 실로 어마어마하다. 그걸 A4 용지로 차곡차곡 쌓으면 웬만한 책 두 권 두께를 넘어설 정도다. 이직도 쉬운 일이 아니어서 그만큼 시간과 노력을 투자해야만 한다.

나는 직장을 옮길 때마다 눈에 불을 켜고 정보를 찾아다녔다. 일간지는 기본이고 취업포털, 헤드헌터업체, 각종 인터넷 채용소식란, 노동부 홈페이지, 여성부 인력개발센터, 서울시와 구청 일자리센터, 구직 지원개발 프로그램, 대기업 및 금융 관련 회사 홈페이지 직원채용란, 채용박람회…, 하다못해 길거리에 꽂혀 있는 벼룩시장까지 '이 잡듯이' 뒤졌다. 지인들을 동원한 것은 물론이다.

우리 사회는 아직 재취업을 통해 과거의 경험을 살릴 수 있는 통로를 마련하지 못했다. 직업을 선택하는 데 필수적인 정보가 부족하며, 재취업에 관련해서는 더욱 그렇다. 속 시원히 물어볼 곳도 마땅히 없다. 재취업은 개인적인 문제이며 스스로 알아서 해야 하는 문제로 치부하기 때문이다. 그래서 막막했던 적이 많다.

이력서를 수십 번, 수백 번 넣어도 연락 오는 곳이 없을 때는 서류를 들고 직접 그 회사 인사과를 찾아간 적도 여러 번 있었다. 담당자로부터 그 자리에서 안 된다는 얘기를 들은 적도 있고 서류를 한번 검토해보자는 얘기를 듣고 돌아온 적도 있다. 그렇게 해서 서류통과가 된 회사로부터 면접을 보자는 연락이 왔고, 면접이 통과되어서 정규직으로 채용되기도 했다. 나이 제한에 걸려 서류통과가 불가능했던 건데, 직접 서류를 들고 본사까지 찾아간 나의 용기와 적극성이 인사 담당자의 마음을 움직인 것이다. 만약 메일로 이력서만 보내고 하염없이 기다리고만 있었다면 기회를 잡지 못했을 것이다. '기회는 만드는 것이다'라는 사실을 몸으로 확인한 소중한 경험이었다.

1990년대에는 '스카우트'라는 말이 흔했다. 함께 일하던 동료들 가운데도 '너 스카우트 제안받았다며?'라는 얘기가 심심찮게 오갔고, 서로 진로를 상의하는 경우가 많았다.

나 역시 당시에는 스카우트되어서 직장을 옮기기도 했다. 귀가 번쩍 뜨일 만큼 엄청난 연봉을 제안한 데다가 내 능력을 산다니 옮기지 않을 이유가 없었다. 하지만 옮겨간 회사는 얼마 가지 않아서 문을 닫고 말았다. 비용만 나갈 뿐 거둬들이는 수익이 없었기 때문이다. 나는 또다시 직장을 찾아 헤매야 했다.

스카우트 제안을 받았을 당시에는 주변 사람들이 많이 부러워했었다. 그러나 정작 일을 시작하고부터는 큰 부담이 됐다. '일을 얼마나 잘하나 보자'라는 듯이 나를 지켜보는 것만 같았다. 기대하는 만큼 뭔가를 보여줘야 했기에 일하는 동안 스트레스가 엄청났다.

그때의 경험 이후로는 스카우트 제의가 오더라도 신중에 신중을 기하게 됐다.

근래는 이런 스카우트라는 말조차 흔하지 않은 시대가 됐다. 그 대신 감원, 명예퇴직이란 단어들이 일상 용어가 되다시피 했다.

린다 그래튼은《일의 미래》에서 말한다.

> 많은 인재가 뜻이 맞는 사람과 성공할 수 있는 일을 찾아 이동하고 있다. 그 결과 경제 발전 가능성이 사라지는 지역이 세계 곳곳에서 늘고 있으며, 이들 지역에서는 좋은 일자리를 얻을 확률이 심각하게 낮다. 지역뿐 아니라 나이도 일의 수준을 낮출 수 있다.
>
> 2025년 10년 후의 노동시장에서는 네 세대가 함께 일하고 있을 것이다. 대다수의 사람은 은퇴 시기가 되는 65세까지도 충분한 저축을 하지 못한다. 더불어 차후 10년을 더 버티게 해줄 좋은 조건의 일자리를 찾기도 어려워진다.

다가올 일자리에 대한 걱정은 시간적인 차이가 다소 있을 뿐 세계 어디든 골머리를 앓는 문제이며, 점점 심각해져 가고 있다. 앞으로 직장을 옮기는 일은 더욱 빈번해질 수밖에 없고, 따라서 경쟁이 치열해질 수밖에 없다. 그러니 한 번의 이직에 성공하느냐 아니냐를 볼 것이 아니라 누구도 흉내 낼 수 없는 자신만의 강점을 발견하고 강화시키는 것이 중요하다. 회사 안에 있든 밖에 있든 통용

될 수 있도록 말이다. 즉, 옮겨다닐 직장을 찾을 것이 아니라 언제
든지 옮겨다닐 수 있는 나만의 직업을 찾아야 한다는 얘기다. 나만
의 직업, 바로 그것을 찾는 것이 우리가 해내야 할 가장 시급한 일
이다.

| 천 번의 이력서 |

직장인의
애환

8월 첫째 주, 1년 중 가장 더울 때다. 시내 중심에 있는 회사에서 아침 영업회의를 마치고 하루 일정을 시작했다. 오늘의 일정은 광화문, 명동, 을지로 1가에서 5가로 내려와 신설동, 동대문까지 15개 영업 지점을 방문하는 것이다. 각 지점의 판매 담당 직원을 만나 상품을 설명하고 교육하는 것이 내 일이다. 1년 전 '영업 마케터'라는 이 직업을 가져보자고 결심하고 시작했을 무렵에도 날씨는 이렇게 더웠다.

시내는 자동차를 가지고 다니는 것보다 걸어서 이동하는 것이 시간을 절약할 수 있고 동선이 짧다. 시내 한복판은 이미 자동차에서 내뿜는 열기와 뙤약볕에 달궈진 아스팔트 열기가 섞여 마치 사우나를 방불케 했다. 1년 중 가장 일하기 힘든 때가 바로 이 기간이다. 사무실에서 출발해 걷기 시작한 지 네 시간째, 몸에선 땀이 흐르다 못해 살 속으로 파고드는 것 같은 느낌이 든다. 더욱이 요 며칠은 장맛비까지 내렸다. 장마철에는 땀 때문에 온몸에서 쉰내가 나고 신발이 젖어 발이 퉁퉁 붓는다. 마치 내가 언젠가 EBS1 〈극한 직업〉에서 봤던 다큐 속의 주인공이 된 것 같다. 비가 오든 날씨가 덥든 하루에 꼭 방문해야 하는 일정이 있다. 외부영업을 하는 영업사원들에게 날씨를 탓한다는 것은 일을 포기하는 것과 다름없다.

몸에서 쉰 냄새를 풍겨가며 날씨도 아랑곳하지 않고 열심히 일했다. 덕분에 좋은 영업성과를 얻을 수 있었다. 하지만 마케터 일을 시작한 후부터 내게 허리 통증이 찾아왔다. 수술을 받아야만 했다. 늦은 귀가 시간과 과로로 2년 만에 일을 그만두어야 했다.

외부 온도를 느낄 수 없을 만큼 바쁘게 돌아다녀야 하는 일이었다. 일을 하는 동안에는 늘 긴장해야 했기에 몸이 느끼는 온도 감각이 무뎌졌다. 그 일 때문인지 추위와 더위에 대한 감각도 없어져 버렸다. 외근을 다니며 영업을 해야 하는 영업사원들은 대부분 혼자만의 불규칙하고 외로운 시간들을 보낸다. 근무 시간은 길고 식사도 제때 하지 못하는 경우가 많다. 나 역시 그랬다.

지금 이 순간에도 더 열악한 환경 속에서도 아랑곳하지 않고 활동하는 영업사원들이 있을 것이다. 온도감각까지 잃어가며 일했음에도 실적이 나오지 않으면 잘리는 게 다반사다. 오죽하면 '고생끝에 골병들고, 헌신하면 헌신짝 된다'라는 말까지 있겠는가. 물론 그렇지 않은 경우도 있겠지만, 직장생활은 아무리 헌신하고 충성해도 언젠가는 끝이 나게 되어 있다. 회사는 내가 없어도 잘 돌아가게 되어 있기 때문이다. 그런데 직장인들 가운데는 회사에 죽을힘을 다해 헌신하는 이들이 많다. 때로는 늦은 저녁까지 남아 일하기도 하고, 직장 동료가 이룬 실적을 낚아채 미움을 사기도 한다. 그렇게까지 했음에도 결국 회사로부터 헌신짝처럼 버려지는 경우를 많이 보아왔다.

영업직을 하면서 나는 '가면 우울증'으로 한동안 고생했었다. 가면 우울증은 겉으로 보기에 늘 밝고 쾌활한 모습이지만 속은 썩어들어 가는 상태라고 말할 수 있다. 자신의 감정을 숨긴 채 사람들의 기분을 맞춰야 하는 서비스 종사자들에게 많이 생길 수 있는 병이다. 스트레스를 받더라도 영업을 하면서 상대방에게 항상 웃는 모습을 보이고 친절하게 대해야 하는 업무 특성 탓에 나도 모르게 그런 병을 앓게 된 것이다. 이 분야에서 많은 사람이 이 같은 우울증을 앓고 있지만 대부분 제대로 치료를 받지 못하고 있다. 혹시 당신도 이런 경험을 한 적이 있지 않은가? 나는 우울증으로 한동안 힘들게 지냈지만 영업직에서 벗어나면서 마치 가면을 벗듯 우울증도, 병도 함께 벗어버렸다.

대부분의 직장인은 자신들이 회사로부터 존중받지 못한다고 느끼기 때문에 그만두는 경우가 많다고 말한다. 하지만 솔직하게 말해서 존중은 둘째치고 보수가 적어서 그만두는 경우가 훨씬 많다. 2014년 2월 고용노동부의 자료에 의하면 직장을 그만두는 가장 큰 이유는 현 직장에 비전이 보이지 않기 때문이고, 그다음 이유가 현재 받는 연봉이 적어서라고 한다. 성공적인 이직이 점점 어려워지고 있다는 건 누구나 알고 있는 사실이다. 많은 사람이 여러 가지 어려운 이유로 이직을 생각해보지만 현실은 그렇게 만만하지 않다. 지금 있는 자리가 비록 지옥일지라도 버텨야 한다. 어딘가 갈 곳이 정해질 때까지 지금 있는 곳에서 꿋꿋이 살아남아야 하는 것이다.

내 경험을 돌아보면 직장생활 초기에는 대인관계, 주로 직장 상사 때문에 사표를 쓰고 싶은 적이 많았다. 직장생활을 해본 사람이라면 누구나 한 번쯤은 경험했을 것이다. '꼴 보기' 싫은 직장 상사 때문에 출근하기 싫어서 아프다는 핑계를 대고 결근을 한 적도 있다. 상사로부터 받은 스트레스 때문에 잠이 안 와 뒤척일 때도 있었고, 밤새 악몽을 꾼 적도 있었다.

어느 직장을 가든 악역은 꼭 있을 수밖에 없다. 하지만 그 사람이 없어진다고 해서 문제가 해결되는 게 아니다. 그가 가고 나면 또 다른 꼴불견이 꼭 나타난다. 어떤 때는 구관이 명관이라고, 더 심한 사람을 만나게 되기도 한다. 사회생활을 하다 보면 다양한 직장 상사들과 일하게 된다. 상식을 벗어났다고 할 정도로 상상을 초월하는 행동을 하는 상사들도 많이 겪었다. 일테면 실적을 내지 못한다고 구둣발로 부하 직원 정강이를 차는 무식한 상사도 있었고, 서류뭉치를 부하 직원 머리에다 내던지며 다시 해오라고 소리지르는 상사도 봤다.

언젠가 한 번은 회의 중에 직장 상사가 던진 재떨이가 내 귀밑을 스쳐 지나가는 바람에 크게 다칠 뻔하기도 했다. 마치 드라마에서나 볼 법한 장면들이 내 눈앞에서 수없이 펼쳐졌다. 이런 일은 당사자뿐 아니라 지켜보는 직원들까지 위축되게 하고 모멸감으로 치를 떨게 한다.

나를 가장 힘들게 했던 직장 상사는 늦게까지 퇴근을 못 하게 잡아두는 상사였다. 이런 상사들은 퇴근하려고 하면 "직장을 그만두든지 아니면 가정을 버리든지"라고 비아냥거리면서 양자택일이라는 협박성 카드를 들이댄다. '지 가정만 망치면 되지 왜 남의 가정까지 망치려고 들어?' 속에선 부글부글 끓어오르지만 그 순간은 먹고살기 위해 참고 주저앉아 삭힌다. 어떤 이들은 바보같이 왜 그렇게 당하고만 있느냐고 하겠지만, 실제 당해보지 않은 사람들은 상황을 이해하지 못한다. 당장 내일 출근하면 자기 책상이 없어질 것 같은 위기감을 느끼기 때문이다. 결국 이런 '미친 짓'을 했던 직장 상사들은 회사로부터 해고를 당하거나 지방 발령이 나곤 했다.

나는 오랫동안 직장생활을 해오면서 직장 내 인간관계나 '미친 직장 상사로 인해 받는 스트레스를 이길 방법을 스스로 터득했다. 처음 겪을 땐 아예 모른 척을 해보기도 했고 대항도 했었다. 그러나 그렇게 하면 서로의 관계가 더 악화되기만 했다. 날마다 얼굴을 맞대야 하는데 일하기가 영 불편해지는 것이다. 여러 번 시행착오를 거쳐 나만의 방법으로 해결해갔다. 매일 함께 일해야 하는 관계이니 못 본 체는 할 수 없다. 그래서 형식적으로 인사하고 가능한 한 말은 많이 하지 않는 방법을 택했다. 상대가 성격이 어떤 사람인가, 얼마나 형편없는 사람인가를 차치하고 상대방을 비판하지 않는 게 좋다. 자꾸 밉다는 생각을 가지면 나 자신이 더 힘들어진다. 무엇보다 내 감정을 섞지 않는 것이 중요하다. 오직 업무적인 것에만 생각을 집중한다. 나쁜 생각이 떠오른다면 빨리 내 머리에서 내보내는 것이 가장 현명한 방법이다. 그리고 퇴근하는 순간 그 존재는 잊어버린다. 자꾸 박박 긁는 상사가 곁에 있는데 개의치 않고 일한다는 것이 쉬운 일은 아니다. 감정상으로도 피하기 어렵다. 하지만 감정에 중심을 두지 않고 내가 해야 하는 일을 최우선으로 하여 집중하다 보면 어느 순간 직장 상사에게 쏠렸던 감정은 사라진다.

직장에서 겪는 모든 문제를 해결하는 방법이 이와 같지 않을까? 관심을 기울이지 않는다면 그 문제가 우리를 괴롭히지 못한다. 그러다 보면 모르는 새에 문제 자체가 사라진다.

한 가지 분명한 건 마음이 맞지 않는 상사 때문에 직장을 그만둬서는 안 된다는 것이다. 오랜 사회 경험에 비추어보면 이런 상황에 휘말린 직원이 그만두고 나면 정작 직원을 떠나게 했던 상사 역시 다른 부서로 발령이 나 떠나곤 했다. '그 직원이 조금만 더 참고 버텼다면 그만두지 않아도 되었을 텐데…' 싶었던 안타까운 경우를 많이 봤다. 성공했기에 살아남는 것이 아니라 남아 있는 것 자체가 성공이라는 말도 있지 않은가. 끝까지 버티는 것이 이기는 것이고 성공하는 것이다.

《카네기 인간관계론》에서 카네기도 종종 일하는 도중 스트레스를 받으면 아무 교회나 들러 조용히 명상과 기도를 한다며 이렇게 말했다.

> 명상과 기도는 초조한 마음을 진정시키고 몸을 쉴 수 있으며 관점이 분명해져서 나의 가치를 재평가하는 데도 도움이 된다.

누구든 일하면서 업무적으로나 인간관계에서나 스트레스를 받지 않을 순 없다. 피해 갈 수 없는 엄연한 사실이다. 그러므로 이겨 낼 수 있는 자기만의 방법이 필요하다. 명상을 하든 기도를 하든, 가장 중요한 건 나의 가치를 생각하며 이길 방법을 적극적으로 찾아야 한다는 것이다. 걷는 것도 도움이 된다. 나는 이 방법을 썼다. 직장 안에서는 틈나는 대로 회사 복도를 왔다갔다 했다. 주말이 되면 꼭 산을 찾아 걸으면서 머릿속을 비웠다. 오랫동안 직장생활을 하면서 스트레스를 해결해온 나만의 방법이다.

세상은 여전히 살기 어렵다. 나를 편한 의자에 가만히 앉혀두고 보수를 주는 곳은 이 세상 어디에도 없다. 어느 직장에서건 버텨내기 위해서는 외부의 스트레스로부터 유연해지도록 해주는 나만의 보호막이 필요하다. 세상은 지옥 같아 보이지만 나만의 버티기 보호막이 있다면 얼마든지 천국이 될 수 있다.

둘 중 하나는
비정규직

IMF 이후의 내 직업들은 대부분 비정규직으로 이어졌다. 그것도 계약직이 아닌 특수고용직이었다. 특수고용직은 정해진 월급이 아니라 실적에 따라 수당을 받는 개인사업자 형태가 대부분이다. 직종에 따라 다소 차이가 있지만, 출퇴근 시간이 정해져 있고 사용주의 지휘와 감독을 받는다는 점에서는 일반 근로자와 같다.

이와 같은 특수고용직은 텔레마케터, 학습지 방문 교사, 택배 기사 등 서비스 직종에 많다. 특수고용직은 4대 보험과 퇴직금이 없어 실직했을 때 실업급여조차 받을 수 없다. 불안한 고용체계 중하나다. 문제는 기업들이 노동비용을 줄이기 위해 이 같은 고용체계를 점점 더 확대해나가고 있다는 점이다. 물론 이들 중에는 간혹 정규직보다 고소득을 올리는 부류도 있다. 하지만 극히 소수에 불과하다. 내가 수십 번 직업을 바꾸고 직장을 옮겨야만 했던 이유도 IMF 이후 특수고용직이란 위치에 있었기 때문이다.

일본에서는 1985년 노동자파견법이 제정되어 우리나라보다 먼저 비정규직 확대가 본격화됐다. 1970~80년대 고도성장기만 해도 일본은 종신고용체제였다. 그러나 거품 붕괴 이후 신자유주의 바람이 불면서 기업들이 인건비를 줄이기 시작했고, 때를 같이하여 비정규직이 확산되기 시작했다. 그에 비해 한국은 비정규직이라는 고용 형태가 훨씬 늦게 도입됐다. 본격적으로 확산되기 시작한 건 1997년 IMF 위기 이후다. 이 시스템은 빠르게 자리를 잡으면서 그동안 우리 사회에 많은 폐해를 가져왔다. 현재 일본과 우리나라의 비정규직 비중은 그리 차이가 나지 않는다.

일본의 예를 보면 2013년 비정규직 근로자가 차지하는 비율이 36.6퍼센트였다. 우리나라의 비정규직 근로자는 591만 1,000명으로 임금근로자의 32.1퍼센트를 차지하는 것으로 집계됐다. 2014년 3월에 발표된 '경제활동 인구 근로 형태별 부가조사 결과'에 담긴 내용이다. 이를 보면 알 수 있듯이 우리나라의 비정규직화 속도는 10년 먼저 본격화되기 시작한 일본을 빠른 속도로 따라가고 있다. 더욱이 통계에 잡히지 않았을 특수고용직의 노동자들, 아르바이트로 생계를 이어가는 500만 명을 더하면 그 차이는 더

줄어든다. 이제 얼마나 많은 사람이 일자리 때문에 고통받고 있는 지를 짐작할 수 있을 것이다. 이러한 흐름에서 나 역시 예외는 아니었다. 어느덧 '너 아니면 나' 둘 중 한 명은 이렇게 불안한 일자리로 생계를 꾸려나가야 하는 시대가 온 것이다.

다음은 2014년 7월 신문 1면에 게재됐던 내용이다.

> "직원 1,000명 중 달랑 2명만 정규직이라니"
> 공시제에 참여한 근로자 5,000인 이상 대기업 99곳 가운데 비정규직이 전혀 없다고 공시한 기업은 단 2곳(2.0%)에 불과하다. 전체 근로자의 20% 이상이 비정규직·간접고용인 대기업은 65곳(65.6%)에 달했다. 고용노동부가 공개한 고용 형태 공시에는 대기업들이 고용의 질 개선을 외면하는 모습을 확인할 수 있다. 1997년 외환위기 사태 이후 판을 키운 비정규직·불법파견 구조가 굳건하게 똬리를 틀고 있는 것이다.
>
> _〈세종뉴스〉 2014년 7월 1일 자

비정규직의 문제는 우리가 꿈의 직장이라고 부르는 금융권도 예외가 아니다. 환경에 따라 배치된 인원에 차이가 있긴 하지만, 지점별 근무 인원은 대략 열 명 정도다. 열 명 중 매일 상근하는 청경은 파견근무 형태다. 그리고 창구를 지키는 직원 중 두세 명은 계약직인 경우가 많다. 상담 창구에서 간혹 전문 계약직으로 일하는 사람을 고려한다면 열 명 중 네다섯 명이 비정규직인 셈이다. 우리가 늘 이용하는 은행조차도 인건비 절감을 위해 인원의 반 정도가 비정규직으로 채워져 있는 것이다. 지점 환경에 따라 다소 인원 차이가 있지만 대개 이와 비슷한 비율이라 생각된다. 은행 창구 직원이 하던 업무를 점점 현금자동입출기(ATM)가 대신하고 있다. 그래서 인원은 점점 줄어들 것이며 비정규직이 차지하는 비율은 점점 더 늘어날 수밖에 없다.

앞에 제시한 신문기사에서도 봤듯이 비정규직 문제는 비단 은행권만을 얘기하는 것이 아니다. 모든 분야에 걸쳐져 있다. 앞으로도 디지털화와 자동화는 계속 일자리를 앗아갈 것이다. 낮은 급여에도 불구하고 점점 더 많은 사람이 일자리를 얻기 힘들어질 것이기에 비정규직이라는 직업군은 더 양산될 것이다. 한 가지 더, 통계청이 발표한 비정규직 근로자의 월평균 임금은 145만 9,000원이다. 여기서 4대 보험을 제하고 나면 실수령액은 120만 원 정도다. 통계청이 발표한 1인 가구 한 달 생계비가 151만 원(2012년)이므로, 이 임금으로 생계를 꾸려나가는 것은 어렵다는 것을 알 수 있다. 일을 하고서도 빚을 지지 않고는 살 수 없는 셈이다. 장시간 일하는 노동자들은 점점 더 늘어가는데 성장의 과실은 모두에게 고르게 분배되지 않고 있다. 생계비에 미치지 못하는 낮은 임금 때문에 우리는 개인의 가치를 추구하며 살거나 여유롭고 풍요로운 삶을 꿈꾸는 것조차 사치로 느껴야만 하는 걸까?

탤런트 김혜수가 주인공으로 출연해 인기를 모았던 〈직장의 신〉이라는 드라마가 있었다. 현재의 비정규직 세태를 잘 반영한 드라마여서 공감하면서 봤다. 비정규직의 애환을 리얼하면서도 풍자적으로 그려냈다. 보고 있으면 웃음이 나오기도 했지만 나도 모르게 마음이 무거워졌던 건 어쩔 수 없는 현실이 우리 앞에 놓여 있기 때문이다.

이 드라마는 계약직의 현실이라는 어려움을 우리나라보다 먼저 겪은 일본의 2007년 NTV드라마를 리메이크한 것이다. 김혜수가 맡은 '미스 김' 역할은 국내 최초 자발적 비정규직 사원이었다. 극중 미스 김은 총 124개의 자격증을 소유한 슈퍼능력자로 등장한다. 크레인 자격증, 조산사 자격증에 항공정비사 자격증까지…. 주인공은 자신이 가진 능력으로 당당하게 일하고 당당하게 살아간다. 드라마 속에서는 아침 9시에 출근해 오후 6시 땡 하면 퇴근하는, 우리 비정규직의 현실과는 많은 차이가 있는 '슈퍼 갑'의 모습을 보여주었다. 그래서 '슈퍼 을'로서 약자일 수밖에 없는 비정규직들에게 대리만족을 시켜주기도 했다.

〈직장의 신〉 미스 김이 계약직임에도 슈퍼 갑으로 당당할 수 있었던 건 그녀가 가진 능력 덕분이었을 것이다. 미스 김처럼 모든 일에 능력자일 순 없지만, 나만의 능력이 있다면 우리도 슈퍼 갑이 될 수 있지 않을까?

네덜란드는 비정규직의 천국이라 여겨질 만큼 안정적이고 유연한 노동시장을 완성해가고 있다. 고용 차별을 없애고 비정규직 비율을 높이는 노동시장 유연화 정책을 통해 실업률을 낮췄다고 알려져 있다. 네덜란드에 비교하면 우리나라는 정규직과 비정규직의 차별이 현실적으로 너무 심하다. 또한 너무도 불안정한 비정규직의 고용 형태는 한 사람의 삶을 송두리째 파괴할 만큼 생계에 위협을 가하기도 한다.

우리 사회의 비정규직도 고용시장의 사각지대로 밀려나서 어쩔 수 없이 선택하는 것이 아니라 진정 자신의 의지에 의해 자율적으로 선택하는 고용 형태가 되기를 바란다. 네덜란드의 고용정책처럼 정규직과 비정규직이 구분되어야 할 이유가 없다. 차별 없는 사회가 빨리 오기를….

TV 속 〈직장의 신〉 미스 김이 직장 동료에게 했던 대사가 지금도 귓가에 맴돈다. "계약직이든 정규직이든 자신의 길을 가라!"

뛰어다니는 경험대백과사전

"삶은 경험들의 묶음들이며, 각각의 경험은 우리를 보다 위대하게 한다. 그러나 가끔 우리는 경험의 중요성을 깨닫지 못한다."

헨리 포드의 말이다. 그가 말한 것처럼 인생을 살아가는 데 경험은 매우 중요하다. 피해 갈 수만 있다면 고생스러운 경험은 피해 가는 것이 좋지 않겠느냐고 말하는 사람들도 종종 있다. 고생스러운 경험을 통해 좌절감을 느낄 수도 있고 그것이 불행으로 이어지지 않을까 하는 염려 때문일 것이다.

꼭 그렇지만은 않다는 게 내 생각이다. 나는 힘든 과정을 이겨내고 고생을 경험하면서 자신감과 자존감을 되찾았다. 고생하면서 쓰디쓴 보약을 꾸준히 먹어온 셈이다. 보약은 입에 썼지만, 덕분에 강해질 수 있었다. '자신감은 경험으로부터 온다'고 하지 않던가. 거기다 참다운 행복이 어떤 것인지를 깨닫는 덤까지 얻을 수 있다.

마흔 개가 넘는 직업을 거쳐왔음에도 나는 아직도 해보고 싶은 일들이 많다. 그래서 배워야 할 것도 많이 생겼다. 경험하지 않아서 몰랐다면 아예 그런 생각조차 하지 못했을 것이다. 여기서 내가 좀더 노력한다면, 미약하지만 내 힘이 이 세상을 좀더 나은 곳으로 만드는 데 보탬이 될 수 있을 것이란 생각도 한다.

30여 년 동안 일을 해오면서 일에 대한 경험보다 더 중요했던 것은 여러 분야에서 다양한 사람을 많이 만났다는 사실이다. 나는 그들과 한 직장에서 함께 일하면서 가장 가까이에서 고민을 나누고 공감했다.

호텔 청소원으로 일할 때 만난 아주머니 한 분이 있었다. 남편이 현직 고위 공무원이었는데 남편의 반대를 물리치고 일터로 나왔다고 했다. 일을 하고 싶었고 자신의 손으로 직접 돈을 벌어보고 싶다는 말을 했다. '직업에 귀천이 어디 있느냐'며 청소 일을 열심히 하던 모습이 생각난다. 그녀는 자신이 청소해 깨끗해진 방을 손님들이 사용하면서 기뻐하는 모습을 상상하며 좋아했다. 청소하고 받은 한 달 임금은 어쩌면 그녀가 들고 다니던 가방 하나 값에도 미치지 못할지도 모른다. 그런데도 월급이 찍힌 통장을 보고 또 보며 흐뭇해하던 모습이 아직도 생생하다.

이와는 다르게 오로지 생계를 위해 일선으로 나온 여성 가장들도 많이 봤다. 아이들의 엄마이기도 하면서 한 집안을 책임져야 하는 가장이었다. 그래서 고객들의 심한 욕설도 참아가며 감정노동을 해야만 했는데, 그런 그녀들의 애환은 남달랐다. 실적에 대한 스트레스와 하루에도 수십 통씩 고객들의 민원을 해결해야 하는 그녀들은 아픈 감정을 호소할 데도 딱히 없었기에 더욱 고통받았다.

일류 대학을 졸업한 후 대기업에서 촉망받는 엘리트로 일하던 동료가 있었다. 자신한테 향하는 주변의 지나친 기대와 업무 스트레스 때문에 강박증을 가지고 있었다. 손등이 갈라져 피가 나도록 하루에 수백 번 손을 닦는 그 직원을 주변 사람들은 안타깝게 지켜봐야 했다. 혹시나 마음에 상처를 받을까 봐 아무도 그 심각함을 얘기해줄 수가 없었다. 정작 자신은 손등에서 피가 흐른다는 사실도 무시한 채 일에만 매달렸다. 함께 일하는 동료들은 그의 옆에서 고개를 떨어뜨리고 아무 말도 해주지 못했다.

겉으로는 화려해 보이는 직업이지만 업무상 생길 수밖에 없는 손목터널증후군으로 항상 고생하던 은행 여직원과 함께 일한 적도 있다. 그녀는 날마다 탈의실에서 손목에 파스붕대를 감으며 통증으로 힘들어했다. 늘 고객을 상대해야 하는 일이라 반소매를 입는 여름철에는 손목에 붕대마저 편하게 감을 수 없었다. 손목터널

증후군은 모든 일이 컴퓨터로 이루어지는 현시대가 낳은 신종 질환이다. 밖으로 크게 드러나는 병이 아니기에 당사자가 아니면 통증이 어느 정도인지 옆에서는 알 수 없다. 은행을 자주 이용하는 고객들은 빨리 업무를 처리해달라고 재촉할 뿐 유니폼 속에 감춰진 손목의 붕대는 보지 못한다. 고객을 조금이라도 빨리 모시기 위해 손목에 숨겨진 아픔을 두른 채 부지런히 손가락을 움직이고 있을 그녀들을 생각하면 나도 모르게 가슴이 먹먹해진다.

직접 경험해보지 않으면 누구도 진실을 알 수 없다. 보이는 것이 다 사실은 아니다. 단순히 직업에 대한 정보를 아는 것과 경험해보는 것은 많이 다르다. 외부로 비치는 모습이 화려해도 깊은 속내로 들어가 보면 우리가 겪는 흔한 일상의 어려움들을 너나없이 겪고 있다.

반면 우리가 소위 하찮게 여기는 일을 하는 사람들 중에서 자신들의 직업에 자부심을 가지고 즐겁게 일하며 행복해하는 모습도 많이 봤다. 험한 일을 하지만 그들 중 부자인 사람도 더러 만났다. 자신이 가진 부를 드러내지 않고 자기 일을 묵묵히, 성실히 하는 이들이었다. 그들은 자만하지 않았으며 함께 일하는 내게도 늘 예의 있게 대해주었다. 겸손하기까지 했다. '세상에는 이런 사람도 있구나!'라고 생각될 만큼 우리 사회에서 보기 드문, 존경할 만한 사람들이었다.

그동안 많은 사람의 다양한 삶을 바로 옆에서 지켜봤다. 우리는 어려운 일이 있으면 함께 걱정해주고 위로를 나누었다. 이런 경험들은 삶에 연륜을 더하고 세상을 바라보는 통찰력을 가질 수 있게 했다. 특히 사람에 대한 통찰력은 상대가 무엇을 원하는지 어떻게 움직이고 있는지 이해할 수 있게 해주었다. 이런 통찰력은 일을 하는 데 무척 중요하다. 내가 가졌던 대부분 직업이 사람을 상대하는 것이었기에 일을 감당하고 처리해내는 데 큰 도움이 되었고, 덕분에 좋은 성과를 올릴 수 있었다.

우리가 아무리 상대를 이해하고 배려한다고 해도 자기가 경험한 한도 내에서만 그게 가능하다. 경험이 많을수록 상대방을 더 많이 이해해줄 수 있다는 얘기도 된다. 풍부한 경험은 사람을 바라보는 데 시야를 풍요롭게 할뿐더러 시력도 정확하게 만들어준다. 옛 속담에 '늙은 생강이 맵다'는 말이 있다. 경험이나 지식을 많이 쌓은 사람이 능력을 발휘한다는 뜻이다. 오랜 세월의 풍파를 견디며 살아남은 사람은 그만의 깨달음을 가지고 있기에 그러하다. 경험을 통한 인간관계와 일상생활, 사고방식 등 경험의 축적은 어느 곳에서든 활용할 수 있다. 그것이 곧 능력으로 이어진다.

나의 첫 번째 직업은 비서였다. 비서는 한 사람의 손발이 되어 그 사람이 지금 무엇을 원하는지 파악해서 불편하지 않도록 미리 준비해놓아야 하고, 일이 척척 진행되도록 도움을 주어야 한다. 물론 사전에 계획을 세우고 준비해놓는 일들도 있지만, 비서라는 일의 특성상 반은 예외 없이 불거지는 돌발적인 상황이기 마련이다.

경험 없이 일을 시작했을 때에는 모든 것이 처음 겪는 일이라 늘 당황스러웠다. 머릿속에 거미줄이라도 쳐진 것처럼 풀리지 않는 문제들로 복잡해서 허둥지둥할 수밖에 없었다. 온갖 실수를 연발하느라 눈앞에서 벌어진 일들이 어떻게 해결됐는지 과정조차 기억하지 못하기도 했다. 매번 일을 처리할 때마다 실수로 바닥에 쏟아진 물건들을 정신없이 주워담는 것만 같은 기분이었다. 그렇지만 시간이 지나면서 경험이 쌓였고 빠른 상황 판단에 임기응변 능력까지 갖추게 됐다. 어떤 상황이 벌어질 것인가를 예견하는 능력도 생겼다. 거기다 표정만 봐도 업무상 무엇을 필요로 하는지, 무엇을 생각하고 있는지조차 알아채는 능력도 생겨났다. 모든 일을 멀티로 해결하는 방법도 스스로 터득했다.

그동안 나의 직업 경험으로 예를 들었지만 대부분 일이 비슷하다. 처음부터 잘할 수 있는 일은 없다. 경험이 쌓여야 능숙하게 할 수 있고 시간이 지나면서 내공에 임기응변 능력까지 생긴다. 경험이란 것은 이론을 배우고 공부를 열심히 한다고 해서 빠르게 익힐 수 있는 것이 아니다. 직접 일을 해나가면서 체득하지 않고서는 가질 수 없는 가치다.

당시 나는 영어를 능숙하게 할 줄 아는 것이 아니어서 더욱더 고생했던 기억이 난다. 외국인 사장이 왼손으로 휘갈겨 쓴 글씨는 글씨가 아니라 추상화에 가까웠다. 무슨 글자인지 도통 알아볼 수가 없었다. 손 글씨로 휘갈겨진 내용을 타이핑해서 정해진 시간 내에 전문을 보내는 것이 주요 업무였기에 등에서는 식은땀이 줄줄 흘렀다. 정자체로 써주어도 겨우 읽을 수 있을까 말까 한 내 부족한 영어 실력도 한몫했다. 하루하루가 산 넘어 산, 고개 넘어 고개인 것처럼 숨이 턱턱 막혔다. 매일같이 문제를 해결해내야만 했다.

그러다 꾀를 낸 것이 사장이 써준 영어 문장을 익히면 단어들이 쉽게 눈에 들어오지 않을까 싶었다. 과연 기를 쓰고 외우고 익히다 보니 영어 실력도 자연스럽게 늘었다. 지금의 내 영어 실력은 당시 현장에서 경험하면서 터득한 것이다. 학교에서 배운 단어나 문장들은 쉽게 잊힌다. 하지만 일선 현장에서 겪으면서 체득한 문장들은 아직도 내 뇌리에 고스란히 남아 있다.

지금 직장에서 사용하는 일본어 역시 현장에서 배웠다. 한동안 몸담았던 무역회사가 일본 다국적기업과 에이전트 체결을 할 당시였다. 일본을 방문해서 담당자와 접촉할 때 영어로 소통할 수도 있었지만, 그래도 나는 일본어를 배워가며 일본어로 소통하려고 노력했다. 당연히 서툰 실력이었다. 하지만 상대방 에이전트 파트너는 자기 나라의 언어를 배우려고 애쓰는 모습을 보고 친숙하게 다가와 주었다. 노력하는 내 의지를 높게 평가했는지 에이전트 체결도 성공리에 마칠 수 있었다. 떠듬떠듬 일본어를 하는 내게 일본인 파트너는 이것저것 친절히 가르쳐주며 함박웃음을 짓기도 했다. 자신을 낮추고 배우고자 하는 모습은 이렇게 상대방에게 좋은 인상을 주고 좋은 결과를 만들어주기도 한다.

사람은 원래 '가르쳐주는 것'을 좋아한다고 한다. 가르쳐줄 수 있는 자신이 인정받는다고 느끼고 상대방으로부터 존경받는다고 생각하기 때문이라고 한다. 그래서 상대가 배우고자 하면 대개는 기꺼이 가르쳐준다.

나는 이렇게 현장을 직접 뛰면서 3개국 언어를 익혔다. 학교에 다니면서 그리고 잠시 학원에 다니면서 외국어를 배운 적도 있지만, 현장에서 일하는 데는 그리 큰 도움이 되지 못했다. 결과적으로 나는 월급을 받아가면서 외국어 공부를 한 셈이다. 지금도 외국에서 오는 영문 메일이 있으면 프린트를 해서 들고 다니며 전문을 외우고 익힌다. 오랜 경험을 통해 저절로 몸에 밴 습관이다.

직업을 바꾸고 직장을 여러 번 옮기다 보니 새로운 환경과 분위기에 빨리 적응해야 했다. 일에 대한 적응도 물론이었지만 그보단 먼저 함께 일할 직속 상사와 동료들을 파악하고 일하는 스타일을 알아야 했다. 그래서 내 몸과 뇌는 새로운 사람과 일, 환경에 적응하기 위해 직감적으로 움직였다. 평소에도 개개인의 성격이나 성향을 먼저 보는 것이 아니라 그 사람의 일하는 스타일을 먼저 보게 된다. 그러다 보니 간혹 선입견을 갖게 돼 일하는 스타일을 잘못 판단할 때도 있지만, 내 직관이 90퍼센트는 맞는다. 함께 일하는 사람들의 일하는 스타일을 알면 직장 내에서 서로 부딪힐 일이 없다.

나는 직업으로도 여러 가지를 가져봤지만 단기로 일할 수 있는 아르바이트로도 수십 가지를 경험해봤다. 우리나라에서 흔히 접할 수 있는 웬만한 아르바이트는 다 해봤다고 해도 과언이 아니다. 전단 배포부터 시작해서 행사 도우미, 선거 운동원, 엑스트라, 웨이츄리스, 바텐더, 좌담회 보조원, 설문지 조사원, 여행 가이드, 미스터리 쇼퍼, 주방 보조, 백화점 및 마트 판매원, 공장 직공, 의류 판매원, 여론 조사원, 전산입력 알바 등. 대학생들이 많이 한다는 단기 아르바이트부터 직장을 잃고 다른 직장을 구할 때까지 짧게 할 수 있는 아르바이트까지 수도 없이 많다.

어쩌면 한 사람이 거쳐간 직업이 맞나 하는 생각이 들지도 모른다. 나조차 이 많은 일을 언제 했을까 싶을 정도로 스스로도 믿어지지 않는다. 그 외에 언젠가 했지만 기억에 나지 않는 아르바이트도 있을 것이다. 그만큼 많다. 이처럼 단기적으로 할 수 있는 일들은 한번 발을 들이면 나름대로 옮겨갈 수 있는 루트를 자연스럽게 익히게 된다. 그래서 비슷한 분야로 쉽게 옮길 수 있다.

여러 분야의 일들을 전전하면서 체득한 건 어딜 가도 사람 사는 모습은 크게 다르지 않다는 것이다. 누군가한테서 들었던 이 말이 꼭 진리이자 답 같다는 생각을 한 적이 있다. 일을 통한 경험이 쌓임으로써 타인을 더 이해할 수 있게 된다. 배려할 줄 알게 되고 관대해진다. 나는 오늘도 식당에서 점심을 먹을 때 서빙하는 종업원에게 '고맙다'는 말을 많이 했다. 물을 갖다 주어서 고맙고, 식

사를 갖다 주어서 고맙고, 반찬을 더 갖다 주어서 고맙고…. 그들
의 노고를 누구보다 잘 알고 있기에 마음에서 우러나는 감사 인사
를 한다.

세상에는 우리가 경험해봐야 할 것이 무수히 많다. 그중에 나는
무엇보다도 땀 흘려 일해 대가를 받을 수 있는 일을 여러 가지 경
험해보라고 강조하고 싶다. 그 일이 소소한 것일지라도, 일을 함
으로써 노동의 가치를 알고 자신의 가치를 가늠해볼 수 있다. 자신
을 아는 것만큼 중요한 일이 어디에 있을까? 일을 하는 것은 자신
을 아는 가장 좋은 방법이다.

자신의 잠재된 능력을 키우고 싶은가? 나 자신이 어떤 사람인지
를 발견하고 싶은가? 작은 일이라도 좋으니 기꺼이 경험해보기를
권한다. 노동의 가치와 감사를 알게 되는 것은 자신이 얼마나 행복
한 사람인지를 알게 해주는 가장 빠른 방법이다. 또한 무엇이 부족
한지를 알게 되고 채워나갈 수 있게 된다.

나는 경험들을 통해 삶에서 가장 중요한 전환점을 찾았고 내게
잠재된 능력을 알게 됐다. 경험해보지 않으면 느낄 수 없는 행복이
이 세상엔 너무나 많다. 그러기에 아직도 가야 할 길이 멀다. 진정
한 행복과 자신감은 경험에서 온다.

| 천 번의 이력서 |

직업에 대한
고정관념

20대 초반, 세상에 대한 호기심이 가장 많을 때였다. 해보고 싶은 일도 많았고 가보지 못한 더 큰 세상 속으로 나아가고 싶었다. 넘쳐나는 열정을 주체하지 못해서 하루에 서너 시간만 자고도 하루를 너끈히 버텼다. 하지만 안갯속을 헤매듯 내가 가야 할 방향은 보이지 않았다. 미래를 바라보는 시야는 항상 흐렸다. '내일'과 '내일'에 대한 고민을 가장 치열하게 한 때가 바로 그때다.

그러던 중 우연히, 외국 영화에서 본 어느 카페의 한 장면을 떠올리게 됐다. 멋진 분위기 속 그윽한 조명 아래 형형색색의 칵테일을 만드는 사람, 바로 바텐더의 모습이다. 카페를 찾는 연인들과 호젓하게 혼자 분위기를 즐기고자 하는 손님들을 위해 내놓는 각양각색의 칵테일. 언젠가 한 번 친구들과 함께 간 카페에서 달짝지근하면서도 뭔지 모를 독특한 칵테일을 처음 맛보곤 반한 적이 있다. '저걸 직접 만들어봤으면….' 칵테일은 치기 어린 나를 매료시키기에 충분했다.

그 후로 바로 수소문하여 시내 중심가에 있던 한 카페에 어렵사리 일자리를 얻었다. 주방 보조 일을 하면서 칵테일 만드는 바텐더 일을 배울 수 있었다. 당시 한창 인기였던 칵테일은 진토닉, 마티니, 블랙러시안 등으로 칵테일을 만드는 일은 마음 설레고도 재미있는 일이었다. 손님들이 맛을 음미하며 마시는 모습을 상상하니 행복해지기까지 했다. 어설펐지만 정성스럽게 칵테일을 만들어 '우산처럼 생긴' 앙증맞은 데코레이션도 더해 손님들에게 내놓았다.

그러나 나의 행복했던 기대는 주방을 벗어나 바텐더로 서는 그날부터 무너지기 시작했다. 손님들의 반응이 기대했던 것과 전혀 달랐기 때문이다. 술을 마시기 위해 카페를 찾은 남자 손님들은 내가 만들어놓은 칵테일은 제쳐놓고 양주를 가져오라고 했다. 그러면서 술을 따르라고 강요하는 것이었다. 술을 파는 곳에 여자인 내가 있으므로 당연히 자신들을 위해 술을 따라야 한다는 것이었다.

그랬다. 그때는 칵테일 바와 술집의 개념이 모호하던 시절이었다. 바텐더라는 이름의 직업에 대한 개념도 없을 때였다. 그곳에서 일하는 나를 바라보던 시선도 곱지 않았다. 일테면 '어쩌다 이런 데까지 굴러온 것이…'라는 식이었다. 그들의 눈을 통해서 바라보는 바텐더는 단지 '술집 아가씨'에 불과했던 것이다.

멋있게 칵테일을 만드는 바텐더가 되려다가 '술집 여자'로 전락하는 게 아닐까, 순진한 마음에 겁이 덜컥 났다. 기고만장하던 자신감도 꼬리를 감췄다. 매일이다시피 술 따르는 문제 때문에 남자 손님들과 실랑이를 벌여야만 했다. 그렇게 버티다 석 달 남짓, 더는 버티지 못하고 도망치듯 카페를 뛰쳐나오고야 말았다.

지금 그때를 돌이켜보면, 당시 나는 어렸지만 카페를 찾는 손님들과 소통하며 눈과 입을 즐겁게 해주는 일을 무척이나 하고 싶어 했었다. 지금의 바리스타라는 직업이 커피라는 재료를 가지고 손님들 앞에 향이 나는 예술을 선보이는 것처럼 말이다. 그로부터 25년의 세월이 지난 지금은 대학에 바텐더학과가 생겨났다. 그리고 바텐더는 전문 직업의 한 분야로 인정받고 대우받는다. '내가 시대를 앞서가도 한참 앞서갔나 보다!' 이런 생각이 잠시 스친다.

직업에 대한 인식은 쉽게 바뀌지 않는다. 시대가 빠르게 변하고 그 변화는 끊임이 없지만, 직업에 대한 우리의 고정관념은 그 속도를 따라잡지 못한다. 직업엔 보이지 않는 계급이 있다. 귀천 또한 엄연히 존재한다. 부정하고 싶지만, 우리 주변에선 이를 증명이라도 하듯 많은 사건이 그로 인해 일어난다.

어떤 직업을 가졌는가. 이것 하나만으로 우리는 자신도 모르게 누군가를 무시하고, 때로는 누군가에게 무시당한다. 대부분의 사람은 '어떤 생각과 의도를 가지고 직업을 선택했는지'보다는 '지금 어떤 일을 하고 있는가'라는 표면에 드러나는 모습만으로 한 사람을 평가하고 판단하려 한다. 그런 이유로 자신이 하고 싶은 일을 선택하기보다 남의 시선을 의식해 일을 선택하는 경우가 많다. 자신이 진정으로 원하는 것이 무엇인지를 망각한 채 엉뚱한 길로 가는 사람들도, 그래서 많이 생겨난다. 결과적으로 자기 자신이 인생을 주도하며 끌고 가는 것이 아니라 끌려가기만 하는 삶을 살게 된다. 나도 그중 한 명이었다.

얼마 전 나는 소위 '사회에서 칭찬받는 직업'에 종사했었다. 자부심을 가질 수 있는 일이라는 부러움을 한껏 받으며 일했다. 우리나라에서 우리 손으로 직접 만든 제품을 해외로 수출하는 수출역군이었다. 수출 업무 특성상 해외 출장이 잦았다. 1년에 몇 번씩 제품을 홍보하고 바이어를 확보하고자 외국에서 열리는 전시회에 참가했기 때문이다.

이런 업무를 잘 모르는 사람들에게는 화려하고 무척 전문적인 일처럼 보일 것이다. 하지만 빡빡한 일정 속에 끼니도 제대로 챙겨 먹지 못할 만큼 해결해야 하는 일들이 늘 쌓여 있다. 고된 비행 스케줄과 노동이 세트상품처럼 나를 기다리고 있다. 이런 사정을 알리 없는 주변 사람들은 시내 관광을 할 때 선물을 사올 수 있느냐는 야속한 부탁을 종종 하기도 한다. 공항에서 비행기를 타고 화려한 모습으로 출국하는 장면만을 봤기에 그럴 것이다. 출장을 갈 때마다 가지고 가는 나의 커다란 캐리어 속엔 부스 작업을 하기 위해 목장갑이 따로 챙겨져 있다는 사실은 알지 못하고 말이다. 나 역시해외 전시회 참가 경험이 없었을 때는 해외로 나가는 선배들을 부러워했고 막연히 동경했었다. 해외 나들이를 가는 것쯤으로 쉽게 생각했었다.

전시회장이 오픈하기 전날의 현장은 그야말로 막노동의 현장이다. 오픈 일정을 맞추기 위해 제한된 시간 내에 부스를 설치하고 제품 진열하는 일을 다 끝내야 하기 때문에 숨 가쁘게 돌아간다. 한 번은 부스에 브로슈어를 진열하다 발이 미끄러져 유리칸막이 위로 떨어지는 바람에 크게 다칠 뻔한 적도 있다. 자칫 긴장을 늦췄다간 소지품을 도둑맞기도 한다. 그래서 한시도 긴장을 풀 수 없는 것이 해외 현장에서 일할 때다.

설치가 끝나고 오픈하는 날, 전시회장은 전날의 부산했던 흔적은 온데간데없고 '페이스오프'를 한 놀라운 모습으로 참관객들을 맞는다. 우리가 미디어를 통해 보는 화려한 조명 속 전시회 장면 뒤에는 바로 이런 '막노동의 땀방울들'이 숨어 있다. 때로는 위험천만한 일도, 육체적으로 힘든 일도, 해결하기 어려운 문제에 부딪혔을 때도 모두 혼자 감당해야 하고 해결할 수 있어야 한다. 비행기에 함께 싣고 간 무거운 캐리어만큼이나 무거운 책임감이 양어깨에 지워져 있는 것이다.

만약 수출역군이란 자부심이 없었다면, 거기에 덧붙여 어려운 일을 해냈다는 뿌듯함이 없다면 이러한 일들은 단지 하나의 노동에 불과해 힘겹게만 느껴졌을지도 모른다.

영국의 정치가인 벤저민 디즈레일리는 "환경이 인간을 만드는 것이 아니라, 인간이 환경을 만드는 것이다"라고 말했다. 그의 말처럼 우리는 어떻게 마음먹느냐에 따라 우리 주변의 환경을 언제든지 변화시킬 수 있다. 그것에 따라 우리가 하는 일이 힘겨운 노동이 될 수도, 부끄러운 일이 될 수도, 아니면 자부심을 느끼는 일이 될 수도 있다.

지금 내가 다시 과거로 돌아가서 바텐더를 하게 된다면 주변 환경이나 시선 때문에 지레 겁을 먹고 도망쳐 나오는 일은 없을 것이다. 하고자 하는 일이 가슴을 설레게 해서 열정을 붙들 수 있는 것이라면 사회적 통념 때문에 두려워하진 않겠다. 자신이 하고 싶어하고, 그 일에 대한 확신만 있다면 무엇 때문에 주변의 시선이 두려울까. 다른 사람의 시선보다는 나의 용기 없음을 탓하고 용기를 갖기 위해 더 노력할 것이다. 어떠한 시선도 자신을 통해 비추는 거울일 뿐이다.

자신이 가장 좋아하고 재능에 맞는 일을 찾아야 한다. 틀에 박힌 직업에 대한 인식을 허물고 나에게 맞도록 새로운 틀을 만들면서….

IQ 97의 대반전

시행착오 vs. 시행성공

15년 만에 손에 쥔 대학 졸업장

100세 시대의 직업 트렌드

밥상머리 교육, 책상머리 교육

질풍노도를 진정시킨, 책

이제 평균은 없다

천천히 걸을지언정 뒤로는 가지 않는다

3장

•

허물고,
무너뜨리고,
바꿔라

IQ 97의
대반전

공부 잘하는 친구가 부러웠던 적이 많다. 평소에도 열심히 공부했지만 시험 때는 밤을 지새우다시피 공부를 했다. 하지만 1등을하는 친구들을 따라잡을 순 없었다. 내게 1등은 쉬운 일이 아니었다. '공부하는 방법이 뭔가 잘못된 걸까? 한 번이라도 좋으니 1등을 해봤으면…' 하고 바람은 간절했으나, 이루어질 수 없는 바람이었다. 항상 한두 명의 잘하는 친구들이 1등을 독차지했다. 수업 시간에 아무리 집중해서 선생님의 설명을 들어도 내용을 이해하지못하는 경우가 많았다. 그래서 쉬는 시간까지 선생님을 붙들고 질문을 했다.반 친구들한테 잘난 체한다고 오해를 받은 적도 한두 번이 아니었다. 친구들은 이 쉬운 내용을 왜 이해 못 하느냐고 타박했다. 나는 정말 이해하기 힘들었고 알아듣지 못했다.

IQ 97. 고등학교 입학 후 지능검사 결과를 받아본 순간, 그동안 내가 왜 그렇게 수업 내용을 못 알아들었는지 알게 됐다. '그래, IQ가 100이 안 되는 사람은 어쩔 수 없어!' 그동안 가져왔던, '그래도 혹시나'라는 희망이 단번에 절망으로 변했다. 그때 내가 내린 어리석은 결론은 '나는 머리가 나빠서 노력해도 안 되는 사람'이라는 것이었다.

그 후로는 선생님한테 질문할 의욕이 없어졌다. 아예 알아듣지 못할 것 같은 수업은 들어가지도 않았다. 스스로 섣부른 진단을 내려버렸다. 무엇을 시도해도 어려울 것이라는 부정적인 답을 미리 정해놓은 셈이었다. 이는 스스로를 움츠러들게 했고 충분히 해도 될 만한 도전들을 포기하게 했다.

친구들은 IQ가 두 자리인 내가 어떻게 고입 연합고사에서 만점에 가까운 점수를 얻을 수 있었는지 의아해했다. 그건 순전히 내 노력의 산물이었다. 모든 교과의 모든 문장을 첫 낱말부터 마침표까지 입에서 단내가 나도록 수없이 반복해서 외웠다. 수업 시간에 내용을 잘 이해하지 못했기 때문에 나만의 방법을 찾아야만 했다. 이것저것 시도해보고 찾은 방법 하나가 연습장에다 쓰면서 외우는 것이었다. 아직까지도 내 오른손 중지에는 굳은살이 튼튼하게 자리 잡고 있다. 그때 생긴 보너스다! 이 중지는 지금도 손으로 써서 외우는 주인에게 사랑을 듬뿍 받고 있다.

당시 나는 총정리 문제집을 1년 동안 매일 가지고 다녔다. 여중생이 감당하기 어려운 두께와 무게였지만 하루도 빼먹지 않았다. 문제집이 걸레처럼 너덜너덜해져 글씨가 안 보일 때까지 베껴쓰고 동그라미 치고를 수없이 반복했다. 다행히 연합고사 시험문제는 외웠던 곳에서 나왔다. 조금 틀어서 출제된 수학문제 몇 개를 빼놓고는 거의 맞출 수가 있었다. 노력해서 성취하는 기분을 처음 맛봤을 때가 이때였을 것이다.

수업이 없는 날은 종일 도서관에 틀어박혀 꼬박 열다섯 시간을 책상에 앉아서 공부했다. 다리가 퉁퉁 부었고 입술에는 물집이 생겼다. 코피가 났지만 대수로운 일이 아니었다. 지원한 상업고등학교에 합격하지 못하면 큰일이었다. 집안형편이 어려워 부모님이 인문계 고등학교는 아예 보내주지 않을 것임을 알고 있었기에 그만큼 절박했다.

그렇게 힘든 과정을 거쳐 입학한 고등학교였다. 하지만 IQ 검사 결과가 나온 이후 졸업할 때까지 전처럼 코피가 터지도록 공부하고 노력하는 일은 하지 않게 됐다. 머리가 나빠서 뭘 해도 어려울 것이라는 터무니없는 확신으로 모든 걸 단념했다. 스스로를 머리가 나쁘다고 단정 짓고 나니 그 후로 나타나는 결과들은 온통 그걸 뒷받침하는 것들뿐이었다.

지금 생각해보면 우스운 일이 아닐 수 없다. 철없던 학창 시절 자신의 노력 부족과 끈기 없음을 감추기 위한 좋은 핑곗거리 하나를 만난 것이다. 노력도 하지 않고 무조건 내 뜻대로 되지 않는다고 불평불만만 늘어놓았다. IQ 97이라는 작은 방에 스스로를 가둔 채 나는 안으로 문을 잠가버렸다.

하지만 이 문은 얼마 지나지 않아 스스로 열렸다. 아니, 열 수밖에 없었다. 졸업 후 생계를 꾸려나가야 했고 직장생활에 적응하기 위해 발등에 떨어진 불부터 꺼야 했기 때문이다. 지능이란 건 시험 볼 때 잠깐 필요할 뿐 사회생활을 하는 데는 아무짝에도 쓸모가 없다. 단순히 머리가 좋고 똑똑한 것만 가지고 살아남을 수 있는 세상이 아니었다. 아무리 피곤해도 아침에 벌떡 일어나서 회사로 출근할 수 있도록 체력이 필요했다. 직장 상사의 모진 소리에도 끄떡하지 않는 내공이 필요했다. 그리고 고객이 어떤 불평을 늘어놔도 참고 응대할 수 있는 인내심이 필요했다. IQ는 필요치 않았다.

'지능이 나빠서 아무것도 할 수 없다'고 했던 철없는 진단은 사회생활의 그 혹독함으로 자연히 치유됐다. 숫자로 보이는 지능지수가 아니라 보이지 않는 체험과 적응이라는 것이 필요했는데, 이에 대해서는 다행히 내가 따로 진단을 내린 게 없었다. 그래서 할 수 없다고 지레 포기하지 않았다. 어느 순간 지능에 대한 내 약점은 강점으로 변해 있었다. 계속 바뀌는 직장과 새로운 일에 빠른 속도

로 적응해야 하다 보니 임기응변이 필요했다. 머리보다는 발과 몸
이 먼저 움직여야 했고, 나는 자신이 있었다.

남보다 부족하다며 불평만 하면서 보낸 고등학교 시절, 그 3년
을 체념으로 흘려보내 버린 것을 나는 아직도 후회하고 있다. 어느
때보다 많이 공부하고 배워야 했던 시절이었는데 말이다.

"시도하지 않는 자는 자신의 한계를 절대 알 수 없다."

창조적인 경영자로 꼽히는 영국의 버진그룹 CEO 리처드 브
랜슨의 말이다. 그는 선천성 난독증이 있었다고 한다. 단어들이
뒤죽박죽 섞여서 의미를 전혀 알 수 없었고, 아무리 열심히 노
력해도 읽고 쓸 수가 없었다고 한다. 학업을 못 따라간다는 이유
로 늘 회초리를 맞는 바람에 상황이 점점 더 악화됐다. 그는 집중
하는 훈련을 여러 해 계속하여 집중력과 기억력을 계발하면서 난
독증을 극복했다. 그는 자신이 가진 장애를 이겨내고 오히려 그
것을 집중력과 끈기를 기르는 계기로 이용했다. 또한 난독증을
통해 더욱 직관적인 사람이 될 수 있었다고 고백한다. 그는 자신
의 약점을 무력하게 인정하지 않았고 그것과 정면으로 맞서 싸워
이겼다.

리처드 브랜슨처럼 오히려 자신이 가진 부족함을 장점으로 바꾸
는 건 스스로에게 달려 있다. 노력이 부족한 것에 핑계를 갖다 붙
이기 위해 섣부른 판단을 하는 일은 걷어치우자! 따지고 보면 나보
다 훨씬 어렵고 힘든 상황에 처한 사람들, 장애를 가진 사람들도

훌륭한 일을 많이 해냈다. 리처드 브랜슨이 우리에게 전하는 말처럼 자신에게 주어진 불리한 패를 유리하게 써먹을 수 있도록 나름의 방법을 찾아야 한다.

나는 오랫동안 컴퓨터로 일을 했음에도 컴퓨터의 다양한 기능을 배우려 하지 않았다. 복잡하고 어려울 것 같다고 미리 포기해버렸기 때문이다. 이때도 내 낮은 지능지수는 포기를 더욱 부추기는 좋은 핑곗거리였다.

고등학교 3학년 때 학교에 전산실이 생기고 도스형 컴퓨터가 들어왔다. 2진수부터 배웠던 컴퓨터 수업은 외계인의 언어를 나열해놓은 것처럼 도통 이해할 수가 없었다. 내게는 마치 뇌를 고문하는 것처럼 느껴지던 시간들이었다. 이후로 컴퓨터를 포함한 디지털 기계들은 어려운 것이라며 배우기를 무조건 거부했다. 직장에서 업무를 하기 위해선 컴퓨터를 사용해 업그레이드된 일들을 처리해야 했다. 그렇지만 여전히 내게 컴퓨터는 타자기 대용품에 불과했다.

컴퓨터를 컴퓨터로 보게 된 건 최근 책을 쓰겠다고 결심하고 나서다. 이제야 컴퓨터가 여러 가지 기능을 겸비한, 말 그대로 진짜 컴퓨터로 보이기 시작했다. '사람의 잠재력은 무한하다'라는 말을 컴퓨터를 배워가면서 다시금 실감하고 있다. 반디지털 세대의 대표주자라고 불러도 전혀 손색이 없을 정도인 아날로그적 내 삶이 지금 디지털 문명으로 서서히 자리를 옮기는 중이다. 블로그의 'B' 자도 몰랐던 내가 블로그를 직접 만들고, 강연을 위한 프레젠테이션 자료도 직접 꾸민다. 심지어 휴대폰을 열어 페이스북 뉴스피드에 글을 올리기도 한다.

"뭐가 어렵다고 그래!" 하는 사람들도 있겠지만 내게는 기적과도 같은 일이다. 몇십 년 동안 컴퓨터, 디지털이라면 지레 겁을 먹고 도망만 다녔으니 왜 안 그렇겠는가. 이제부터라도 쉬운 기능들부터 하나하나 익혀갈 생각이다. 고입을 준비하는 수험생으로 되돌아간 기분이다. 그때의 노력과 절박감 속으로 스스로를 내던져본다. 하지 못한다고 이유를 대는 것이 아니라 일단 시도해보고 나서 방법을 찾아나가고 있다. 손가락에도 새로운 굳은살 보너스가 생기고 있다. 예전 같으면 코피를 흘렸겠지만 지금은 커피에 익숙해지고 있다.

철학자 스피노자는 이렇게 말했다. "스스로가 할 수 없다고 생각하고 있는 동안은 그것을 하기 싫다고 다짐하고 있는 것이다. 그러므로 그것은 실행되지 않는 것이다."

나 역시도 그랬다. 어리석은 판단과 행동으로 주워담을 수 없는 아까운 시간들을 흘려보냈다. IQ 97, 앞으로는 이런 숫자 따위에 눈이 멀어 나를 작은 방에 가두지 않으리라. 문을 열면 확신의 내 공지수 200점 그 이상이 있지 않은가.

(얼마 전 우연한 기회에 모교를 방문할 기회가 있었다. 나는 지난 내 학교

생활이 궁금해져서 생활기록부를 떼어보았다. 그런데 정말 놀라운 사실을 발견했다. 30년이 넘게 나의 IQ가 97인 줄 알고 지냈는데 거기에는 107로 적혀 있는 것이다. 이게 어찌된 일일까? IQ테스트 결과가 나온 후에 "너는 IQ가 학교 평균 깎아먹는 두 자릿수 아이야"라며 선생님한테 타박을 받았던 기억이 이렇게 생생한데 말이다. 잠시 생각해봤다. '만약 내가 IQ 100을 넘는 세 자릿수 인간이라는 걸 당시 분명히 알았다면 어땠을까?' 아마도 노력을 하지 않는 데 대한 핑곗거리로 삼기에는 극적인 면이 좀 부족하지 않았을까? 어쨌든 IQ라는 것이 세상을 살아가는 데는 크게 관계가 없었다는 것만은 분명하다.)

시행착오 VS. 시행성공

여러 가지를 시도하면서 가장 많은 시행착오를 겪는 일은 무엇일까. 누구나 한 번쯤은 경험해봤고 시도해서 실패해봤을 법한 일은 아마도 다이어트가 아닐까? 코넬대학의 한 연구에 따르면, 90퍼센트의 사람이 다이어트에 관심이 있다고 한다. 그리고 대부분이 그것을 시도하고, 또 실패한다고 한다.

스무 살 때의 몸무게를 30년 동안 변함없이 유지하고 있는 내가 다이어트를 시도해본 적이 있다고 하면 주변 사람들은 잘 믿지 않는다. 출산기간 1년 그리고 체력적으로 매우 힘들었을 때 3개월의 기간을 제외하고 나는 항상 같은 몸무게였다. 이런 나조차도 20대

초반 한때 죽도록 다이어트를 해본 경험이 있다. 체격에 비해 유난히도 얼굴이 둥글어 보이는 것이 내가 외모에 대해 가지고 있는 콤플렉스였다. 그래서 어떻게든 살을 빼서 얼굴이 갸름하게 보이도록 하는 것이 다이어트의 주목적이었다. 궁리 끝에 생각해낸 방법이 끼니를 거르는 것이었다.

그런데 하루 이틀 힘들게 금식을 하고 나서는 배고픔에 못 이겨 한꺼번에 먹곤 했다. 굶었다 먹었다를 수도 없이 반복했다. 그렇게 1년 가까이 다이어트를 시도했고, 실패했다. 급기야 건강에 이상이 생겼다. 위염에 장염까지 겹쳐 결국은 병원에 입원하는 지경까지 가게 됐다. 세상에서 가장 힘든 것이 굶는 일이며, 가장 참기 힘든 것이 먹을 것을 앞에 두고 참는 일이라는 것을 다이어트를 시도해본 사람은 모두 공감할 것이다. 병원 신세를 진 이후 다시는 굶는 것으로 내 몸을 괴롭히지 않기로 마음먹었다. 또한 굶는 것만으로는 날씬해질 수 없다는 사실 또한 깨달았다.

사람들이 시행착오를 가장 많이 하는 일이 다이어트를 위해 '무조건 굶는 일'이 아닐까 싶다. 다이어트 앞에선 판단력이 무너져 내리고 만다. 굶는 걸로는 안 된다는 걸 뻔히 알면서도 충동적으로 굶기 다이어트를 반복하니 말이다.

다이어트가 나의 오랜 직장생활과 관련이 많았기에 서두로 꺼내봤다. 오랜 기간 같은 몸무게를 유지해온 나름의 다이어트 비결은 항상 규칙적으로 출퇴근을 해야 했던 직장생활에 있다. 매일 출퇴근을 하기 위해 정해진 시간에 일어나야 했고 정해진 시간에 식사를 해야 했다. 주중에 일하느라 소모된 체력을 주말이면 충전해놓아야 했다. 주말마다 한두 시간씩은 어떻게 하든지 시간을 내서 가벼운 운동이라도 했다. 그렇게 하지 않으면 업무가 시작되는 월요일부터 피로가 몰려오기 때문이다. 몸이 피로하면 일에 집중도 되지 않고 일주일 내내 고생하는 시행착오를 겪었다.

다이어트를 하는 사람들에게는 식상한 이야기로 들릴지 모르겠지만 나는 아침저녁 출퇴근 시간에 항상 삼십 분 정도 걷는다. 업무 시간 중에 따로 시간을 내서 운동을 한다는 것은 어려운 일이기에 30년을 변함없이 그렇게 실천했다. 또, 회사에서 회식이 있는 날은 분위기상 많이 먹게 되어 있다. 그런 날은 집으로 오는 길에 내려야 할 정류장보다 몇 정류장 전에 내려 집까지 걸어온다. 걷는 시간이 밥그릇마다 십 분씩 추가된다고 생각하면 될 것이다. 날씬해져야겠다는 생각보다는 직장생활을 위해 체력을 유지해야겠다는 생각이었다. 출퇴근길에 하는 가벼운 운동은 그렇게 습관이 됐다.

"날씬한 몸매에 집착할수록 날씬해지기는 더욱 어렵다." 어거스텐 버로스가 말한 것처럼 다이어트에 대한 집착이 오히려 날씬해지는 것을 방해할 수도 있다.

학창 시절 어느 날, 학교 웅변대회 포스터가 붙어 있는 것을 봤다. 친구들이 '너는 목소리도 크고 말을 잘하니 대회 나가면 분명 상을 탈 거다, 꼭 나가봐라' 한다. 웅변을 해본 경험도 없고 웅변학원을 다녀본 적도 없었지만 친구들의 권유에 우쭐해져서 지원을 하고 말았다.

　담임선생님께서도 마침 우리 반에 지원자가 없어 걱정이었다며 꼭 좋은 성적을 거두라고 격려해주셨다. 당시 웅변대회에 나가는 아이들은 대부분 웅변학원에 다니고 있거나 따로 배운 친구들이었다. 그 친구들은 대회에 나갈 원고도 웅변학원 선생님과 함께 작성하고 그곳에서 연습도 했다. 하지만 집안 사정이 어려웠던 나는 웅변학원 근처에도 가보지 못했다. 할 수 없이 혼자 원고를 써서 연습도 혼자 했다.

　친구들에게 큰소리는 쳐놓았지만 막상 혼자 모든 걸 하려니 자신이 없어졌다. 그냥 친구들끼리 이야길 하는 것과 많은 사람 앞에서 웅변을 하는 것에는 큰 차이가 있다는 것을 알았기 때문이다. 하지만 후회하기에는 이미 늦었고 열심히 연습하는 수밖에 없었다. 써놓은 원고를 달달 외우고 손짓도 언젠가 웅변대회에서 봤던 모습을 흉내 내가며 연습도 해봤다.

　드디어 웅변대회 날, 수백 명의 전교생과 빙 둘러앉으신 선생님들로 강당이 꽉 찼다. 내 차례가 돌아왔다. 긴장 때문에 심장 뛰는 소리가 들렸다. 높은 연단 위에 올라간 나는 급기야 앞이 깜깜해지고 머릿속이 하얘지고 말았다. 읽어야 할 원고가 바로 눈앞에 놓여 있었지만 아무것도 보이지 않았다. 정적이 흘렀고 얼마간의 시간이 흘렀는지 모르겠지만 어디선가 웅성거리는 소리가 들렸다. 나는 입도 한 번 떼어보지 못하고 그대로 연단에서 내려와야만 했다. 상은커녕 어처구니없는 내 모습에 한동안은 창피해서 고개를 들 수조차 없었다.

웅변대회 경험이 있기 전만 해도 말 잘하는 사람은 원래 타고나는 줄만 알고 있었다. 그들이 보이지 않는 곳에서 수없이 연습하고 자신감을 갖기 위해 수없이 반복하는 줄은 미처 몰랐다.

학창 시절 웅변대회의 시행착오는 나중에 마케터 교육 담당이라는 직업을 가지게 됐을 때 큰 도움이 됐다. 교육 담당은 많은 사람 앞에 서는 기회가 빈번할 수밖에 없다. 처음엔 몹시 막막했다. 하지만 웅변대회의 시행착오를 상기하며 몸에 익숙해 때까지, 자신감을 가질 때까지 말하는 연습을 계속했다. 어린 아들을 앞에 앉혀놓고 연습을 했다. 집에 있는 가방들을 다 꺼내 열을 지어 세워놓고, 그것들이 앞에 앉은 교육생들이라 생각하며 몸에 익숙해질 때까지 연습하기도 했다. 결과적으로 첫 교육은 성공적으로 끝났고 좋은 평가를 받았다. [*]

아리스토텔레스는 "일을 하기 전에는 어떻게 해야 하는지 배워야 한다. 어떻게 하는지 배우려면 직접 해봐야 한다"고 말했다. 어떤 일을 하든 시행착오는 따라다닌다. 하지만 시행착오는 나중에 우리에게 성공이라는 답을 내어준다. 막상 겪을 땐 고통스럽고 실패한 것만 같지만, 그 순간이 지나고 나면 시행착오는 과거사가 된다. 훗날 언젠가, 그 순간이 바로 성공으로 연결되려고 했던 것임을 알게 되는 날이 온다.

에디슨이 2,000번의 실패 끝에 전구를 발명했을 때 그는 2,000번이 실패가 아닌 경험이었다고 말했다. 2,000번을 모두 다른 방법으로 채웠기 때문이다. 시행착오가 있어야 성공이 있다는 것을 에디슨은 시도와 경험을 통해 보여주었다.

'운이란 수많은 시행착오 끝에 나타나는 결실이다'라는 말이 있다. 운이 아무것도 시도하지 않는 사람에게는 나타나지 않듯 성공이라는 것도 수십 번, 수천 번 시도하는 사람에게만 나타난다. 시행착오가 있어야 시행성공이 있다.

진정한 행동주의자 전옥표 소장은 《빅 픽처를 그려라》에서 이렇게 강조했다.

처음부터 받아쓰기를 100점 맞는 아이는 없다. 실수를 통해 배우지 않고 처음부터 높은 성과를 올리는 직장인도 없다. 실수와 실패가 쌓이면서 다양한 경험을 통해 성공 확률을 높여 가는 것이다. 시행착오는 학습에 포함된 기본 과정이다.

나는 오늘도 잠자리에 들기 전, 새벽 5시에 알람을 맞춰놓는다. 수십 년 동안 늦게 자고 늦게 일어나는 습관이 몸에 배서 아침 일찍 일어나기가 여전히 힘들다. 그래서 올해부터 새벽 5시에 일어나기로 했다. 열심히 시도 중이지만 실패를 거듭하고 있다. 습관을 고치기란 좀처럼 쉽지 않다. 하지만 나는 또다시 시도하고 시행착오를 겪는다. 시행성공을 위해서.

15년 만에 손에 쥔
대학 졸업장

　학번이라는 말이 뭔지 몰라 소개팅 나간 자리에서 자존심이 상해 돌아왔을 때, 같은 일을 하면서도 고졸인 나보다 훨씬 더 많은 월급을 받아가는 입사 동기가 부러웠을 때, 바로 그 동기가 바이어와 상담하는데 나는 주방 한구석에서 그의 커피를 타야만 했을 때…. 이후로도 대학을 졸업하지 못했다는 이유로 차별받으며 열등감을 느꼈던 수많은 날들이 이어졌다. 그런 이유로 직장생활을 하면서 대학을 가야겠다고 결심했다. 그 결심은 입시 공부로 이어졌고 대학졸업까지 15년이란 긴 시간이 걸렸다.

　직장 퇴근 후에는 단과학원에 가서 수업을 들었고, 학원 수업이 끝나면 서울역 학원가의 연탄난로가 있던 독서실로 직행했다. 그리고 주말반 종합학원과 편입학원들, 국립도서관, 방통대 도서관, 회사 근처의 단과대 도서관들…. 대학 졸업장 하나를 갖기 위해 그야말로 고군분투했던 여정이다.

열악한 집안 환경으로 공부할 공간이 마땅히 없었던 내게는 '도서관 붙박이'란 별명도 생겼다. 집과 회사 주변에 있는 도서관은 공부를 할 수 있는 나만의 아지트였다. 도서관 근처는 친구들과의 만남의 장소였고 여가를 보내는 장소이기도 했다.

그렇게 나는 15년 만에 4년제 대학 졸업장을 갖게 됐다. 서른여섯 살, 사회적인 시계로 보면 늦은 나이였다. 실제로도 너무 늦었다는, 너무 지나버렸다는 이유로 나의 대학 졸업장은 한낱 종이로만 남게 됐다. 취업 나이에 걸려 대학 졸업장은 무색해져버렸다. 더욱이 내가 지원했던 일은 대부분 경력직이었다. 그렇다 보니 학력보다는 경력에 더 초점이 맞춰졌다. 대학전공도 취업 분야와는 전혀 상관없는 법학이었다. 오직 대학 졸업장만이 전부였던 당시에는 딱히 전공이라는 것이 눈에 들어오지도 않았다. 대학만 졸업한다면, 그리고 공부만 할 수 있다면 전공이 무엇이든 별 상관이 없었다.

배움은 꿀처럼 달다고 했던가. 일을 하면서 병행하는 공부였기에 항상 배움에 갈증이 났다. 기간도 오래고 힘든 과정이었지만 결과에 상관없이 스스로 만족스러웠던 건 틀림없다. 또한 공부를 다시 하게 된다면 무엇을 위해 공부할 것인지 정확한 목표가 필요하다는 것을 깨달았다. 앞으로 하게 될 공부가 있다면 그 공부는 사회에 조금이라도 보탬이 되어주는 것을 택하리라고 생각한다.

대학을 졸업하고 사회에 나오면 그 졸업장에 순위가 매겨져 또 차별을 받는다. 개개인의 능력, 사람의 가치는 전혀 안중에도 없고 오로지 순위별로 평가해버리기도 한다. 그렇다고 일류대를 졸업했다고 해서 사회에서 다 환영받는 것만은 아니다. 그들 또한 어떠한 위치에 어떤 일을 하느냐에 따라 차별을 받을 때가 많다. 지방대건 일류대건 가리지 않는다. 일류대를 나와도 사회에서 요구하는 실력과 적응력이 없으면 가차 없이 내쳐지기도 한다. 직장생활을 하면서 그러한 모습을 수없이 보아왔다. 현장에선 최고급 졸업장만이 전부가 아니다.

광고천재라 불리는 이제석 씨는 대학교를 수석 졸업했다. 하지만 지방대를 나왔다는 이유 때문에 학력 차별을 받아야 했다. 그는 대학 1학년 때부터 대학생 광고공모전에서 꾸준히 응모했지만 그 흔한 상 하나 받지 못했다. 자신의 가치를 알아주지 않는 이 나라에서는 취직도 힘들어 밥벌이를 위해 동네 간판장이 일을 했다.

그는 광고주들로부터 갖은 냉대와 무시를 당했고 그런 현실이 싫어 미국으로 건너갔다. 하지만 그곳에서도 인종 차별, 외모 차별, 언어 차별 등 더 많은 차별을 받아야만 했다. 그는 절망적인 상황에서도 오로지 작품으로 승부를 봐야겠다는 생각으로 지독하게 노력했다. 그 결과 국제적인 광고공모전에서 1년 동안 29개의 메달을 땄다. 광고계에 전무후무한 역사를 만든 것이다. 광고천재 이제석처럼 학력과 상관없이 두각을 나타내는 이들도 참으로 많이 봤다.

대학 졸업장 없이 대기업에서 32년간 일하고 있는 한 직원이 있다. 현재는 가장 우수한 인력이 모여 있다는 대기업의 IT파트에서 일하고 있다. 그녀는 일류대 출신과 유학파들로 쟁쟁한 학력을 자랑하는 IT부서 직원들 중 유일한 고졸 출신이다. 그럼에도 그들과 어깨를 나란히 할 만큼 그녀의 능력은 전혀 뒤지지 않는다. 과거 학력 차별이 심했던 대기업 분위기 속, IMF의 살벌한 구조조정에서도 살아남았다. 또한 금융위기의 인원 감축이라는 칼바람도 이겨냈다. 그녀가 지금까지 버티며 일할 수 있었던 것은 남들 다 가졌다는 대학 졸업장 덕분이 아니었다. 바로 학력을 초월한 그녀만의 일에 대한 자부심과 끈기였다. 그녀는 앞으로는 IT 업무를 익히지 않으면 도태되리라는 것을 알았다. 그래서 자신의 직무를 열심히 배워감과 동시에 업무를 확장해가며 스스로 IT기술을 익혔다.

가방끈이 짧다는 열등감을 가질 수밖에 없는 환경이었지만 그것에 전혀 굴하지 않았다. 그녀에게 대학 졸업장이란 종이 한 장에 불과할 뿐이었다. 그녀는 바로 나의 친언니이기도 하다.

이상의 사례를 보더라도 사람에 따라 대학 졸업장이 A4 용지 한

장 가치밖에 안 될 때가 많다. 무조건 대학을 나와야 한다는, 그것도 좋은 대학을 나와야 한다는 우리의 생각과 직장 내에서의 현실 적용에는 더러 차이가 있다.

그것을 증명이라도 하듯 내가 다녔던 많은 회사의 대표와 직속 상사들 반 이상이 대학을 나오지 않은 사람들이었다. 그들은 자신들보다 좋은 학력을 가진 직원들에게 월급을 주며 일을 시키고 있었다. 학력이라는 걸림돌은 그들에겐 없어 보였다. 그들에게서 공통으로 느낀 것은 자존감이 높았고, 자신이 가고 싶은 방향에 초점을 맞추며 꾸준히 간다는 것이었다. 성공한 사람 중 많은 이들이 대학 졸업장을 갖지 않았다는 사실을 우리는 알고 있다. 그들은 화려한 졸업장을 가지고 지금의 자리에 오른 것이 아니다. 오히려 그들의 시작은 보통 사람들보다 더 초라했고 힘든 여건이었다. 하지만 세상으로부터 인정받기 위해 자기 일에 몰두했고 자신을 성장시키며 발전해나갔다.

대학 졸업장은 자신이 어떻게 사용하느냐에 따라 '빛나는 졸업장'이 될 수도 있고, 단지 '종이 한 장'으로만 끝날 수도 있다. 설령 졸업장이 없더라도 그것을 대신할 수 있는 자신만의 능력을 만들어가며 얼마든지 성장해나갈 수 있다. 중요한 것은 졸업장이 아니라 자신이 어떤 목표를 가지고 살아가느냐와 배움의 초점을 어디에 두느냐 하는 것이다. 또한 요즘은 사회 경험을 쌓고 나서 대학에 들어갈 기회도 많아졌다. 자신이 진정으로 공부하기를 원한다면 공부할 기회는 얼마든지 있다.

장 폴 사르트르는 강조했다. "인간은 정지할 수 없으며 정지하지 않는다. 그래서 현 상태로 머물지 아니하는 것이 인간이며 현 상태로 있을 때 그는 가치가 없다."

'A4 용지 한 장의 대학 졸업장' 이상으로 소중한 것은 현 상태에 머물지 않고 자신을 성장시키기 위해 배움을 계속하는 것이 아닐까? 인생에 불필요한 경험이 없듯이 불필요한 배움도 없다. 15년 동안 계속해온 공부가 그동안의 직장생활에서 크게 쓰인 적은 없었다. 하지만 앞으로 언젠가 나의 성장을 위해 꼭 쓰일 날이 오리라는 것을 나는 알고 있다.

COMPANY
Street #: Street
City #: city,
phone #: 12312311-1231231
e-mail #: xxxx@aaa.xℤℤ

100세 시대의
직업 트렌드

5년 후, 아니 10년 후 어디서 무슨 일을 하고 있을지 상상해본 적이 있는가?

예전에는 한번 직업을 선택하면 평생 그 직업으로 한 직장에 일하다 은퇴를 하는 경우가 많았다. 하지만 지금은 1년 후조차도 기약할 수 없게 됐다. 안정적이라 생각했던 직업과 직장이 어느 날 갑자기 휘청거리기 시작해 단기간에 사라지는 경우가 점점 늘어나고 있다.

내가 경험한 직업들만 보더라도 시대의 흐름이 직업을 만들었고 직장이라는 자리를 만들어주었다. 내가 직업을 선택했다기보다는 그 흐름이 나를 선택하는 경우가 많았다고 할 수 있다. 다국적기업 비서, 의류 수출회사 무역 담당, 보험회사 설계사, 학습지 교사, 벤처회사 구매 담당, 텔레마케터….

어떤 직업들은 사회 변화의 흐름 속에서 수요가 갑자기 많아져 인원이 한꺼번에 확 늘어나기도 했다. 하지만 어느 날인가는 '그렇게 많던 인원들이 전부 어디로 간 것일까?' 하고 궁금해질 정도로 보이지 않게 됐다. 미래를 장담할 수 없었던 그 직업들을 통해 많은 사람이 생활을 유지해나간 것이다.

인적자원관리 분야의 세계적인 권위자 린다 그래튼은 《일의 미래: 10년 후 나는 어디서 누구와 어떤 일을 하고 있을까》에서 이렇게 말한다.

> 지금 세상은 대단히 창의적이고 혁신적인 변화의 정점에 놓여 있으며, 이런 변화는 결국 모든 사람의 일상생활을 근본적으로 바꿔놓을 것이다. 현재와 미래의 근로의식은 앞으로 다가올 기술과 세계화의 시대에 얼마나 많이 바뀔 것인가? 이미 직업전선에 뛰어든 사람들도 전혀 상상하지 못했던 방식으로 일하게 될 것이 분명하다.

이러한 변화는 지난날과 마찬가지로 과거의 성취를 밑바탕 삼아 점진적으로 이뤄지며 예측 불가능한 거대한 물결도 동반할 것으로 보인다.

나는 30년 동안 여러 가지 직업을 경험해오면서 이러한 변화를 몸으로 직접 겪었다. 가장 놀라운 사실은, 나 자신이 이렇게 오랜 기간 직장생활을 하게 되리라고는 전혀 예상하지 못했다는 것이다. 내가 직장생활을 시작한 1980년대 중반만 해도 여성은 결혼과 동시에 직장을 그만두는 게 보통이었다. 당시 평범한 여성들에게 5년 정도 직장생활을 하는 것은 오래 하는 경우에 속했다. 40대의 여성이 자기 직업을 가지고 사회에서 활동하는 경우 또한 매우 드물었다. 그러니 지금 쉰을 바라보는 내 나이에 이렇게 왕성하게 직업 활동을 하리라는 것은 당시로써는 상상도 할 수 없는 일이었다. 지금은 40~50대에도 직업을 가지고 사회에서 활동하는 여성들을 주변에서 흔히 찾아볼 수 있다. 사회적 변화가 그처럼 빠르게 진행됐다는 증거다.

내가 경험했던 직업들 중에는 현재는 사라진 것도 있으며 사라져 가고 있는 것들도 상당수다. 국제 전문인 텔렉스를 다루던 직업도 그중 하나였다. 직장생활 초기 2~3년 동안 업무 중 상당 부분을 차지하던 일이 텔렉스 기계를 사용해서 전문을 보내는 일이었다. 당시 텔렉스 기계를 다룰 줄 아는 사람은 회사에서 나름 전문인으로 대우를 받았다. 하지만 전문을 쉽게 주고받을 수 있는 이메일 서비스가 등장하면서 텔렉스는 직장에서 거의 사라져 버렸다.

나는 한때 의류업체에서 MD(머천다이저)라는 직업으로도 일했다. MD는 수출 담당자이면서 해외 바이어와 상담하는 일뿐 아니라 자재 구매와 생산제품의 검품, 수출 통관 업무를 진행한다. 1980년대에서 90년대 초반만 하더라도 우리나라에는 내수를 포함해 해외로 수출하는 의류 물량이 많아 MD 업무 중에서도 의류 검품만을 전문으로 하는 검품원들이 많았다. 검품원은 섬유업계에서 특급 대우를 받았고 귀한 사람이었다. 하지만 지금은 섬유산업이 인건비가 싼 중국으로 많이 넘어갔기 때문에 검품원의 처우가 예전 같아 보이진 않는다.

이처럼 한때는 잘나갔던 직업이 어느 날부터는 인기가 시들해지기도 하고 소리소문없이 사라지기도 한다. 방카슈랑스 판매 전문인도 잘나가던 직업이었다. 하지만 빠르게 사라져 가는 직업 중 하나다. 그 이름조차 제대로 알려지지 않아 여전히 생소한데도 말이다.

2013년 말 우리나라 《직업사전》에는 총 10,971개의 직업이 수록되어 있다. 이 중 우리가 알고 있는 직업이 과연 몇 개나 될까? 아마도 몇십 개 되지 않을 것이다. 지금 이 순간에도 어떤 직업들은 우리 귀에 이름이 익숙해지기도 전에 사라져 가고 있을 것이다. 그만큼 일처리 방식이 빠르게 변하고 있고, 미래가 점점 예측 불가능해지고 있다는 얘기다.

얼마 전 미국의 구인·구직 정보업체 커리어캐스터가 선정한 10대 몰락 직종을 기사에서 접한 적이 있다. 대표적인 직업이 우체부였고 신문기자, 세무업무원도 속해 있었다. 이들 직업에 대한 고용

| 천 번의 이력서 |

전망이 급격히 나빠져 사양 또는 몰락 위기에 처했다고 한다. 얼마 전까지만 해도 안정적이라고 여겨지던 직업들이었다. 그러나 곧 사라져 버릴 것이라니! 짐작이나 했던 일인가?

사람의 평균 수명은 점점 더 길어지고 있다. 반면에 직업들은 빠르게 생겼다 빠르게 없어져 버린다. 그렇다면 우리가 평균 수명에 비해 젊은 나이에 퇴직을 하게 된다면 나머지 수명기간에는 어떤 직업으로 생계를 이어가야 할까? 그렇다고 한 직장에서 계속 버티는 것 또한 쉬운 일은 아니다. 빠르게 변화하는 사회적 현실 속에 내가 몸담은 회사가 내 정년까지 버텨줄 수 있을까? 나의 경우만 봐도, 30년 동안 다녔던 회사들 중 현재는 겨우 몇 개 업체만이 살아남아 있다.

현세대가 100세까지 산다는 것을 고려하면, 이제는 제2의 직업이 아니라 제3의 직업도 준비해야만 하는 시대가 됐다. 몸 가치가 갈수록 낮아지고 있기에 결국 누구든 사회로부터 버림받는 신세가 될 수 있다. 새로운 자신의 가치를 찾아 나의 직업을 만들어야만 한다.

100세 시대인 지금 아무런 대책 없이 이렇게 지낼 수만은 없다. 나이가 들수록 저항조차 할 수 없는 그 이유 하나만으로도 경쟁력이 떨어지기 때문이다. 나 자신 뼈아프게 겪은 현실이다. 가까운 미래, 예순 살 이상의 인구 중 상당수는 돈을 벌어야 그나마 생계를 유지할 수 있는 현실적인 문제에 부딪히게 된다. 그러므로 100세 시대를 사는 우리 세대에게는 '직업 이동'의 물결이 거셀 수밖에 없다.

미래에는 다른 어떤 물결보다 직업 이동이라는 물결이 빠르고 강하게 다가올 것이다. 한 가지 분야에서 전문성을 갖췄다 해도 안심할 수 있는 상황이 아니다. 여러 영역을 깊이 있게 아는 유연한 전문가가 되어야 한다. 자신의 직업을 유연하게 변형하는 예는 세계 여러 나라에서도 흔히 찾아볼 수 있다.

요즘 우리나라에서 베스트셀러로 이름을 올린 《창문 넘어 도망친 100세 노인》의 작가 요나스 요나손은 전직 기자 출신이다. 15년간 기자로 일했고 미디어회사를 차려 CEO로 성공한 기업인이기도 하다. 건강 문제로 업계를 떠났다가 작가로 변신해 성공했다.

프랑스 회사에서 오랫동안 직장생활을 한 미레유 길리아노는 우리나라에서도 잘 알려진 명품 브랜드 루이비통, 디올 화장품 등 여러 브랜드를 거느린 루이비통 모에헤네시(LVMH)의 중역이었다. 그녀는 자신의 관심 영역을 확장하고 경험을 살려 작가로 직업을 변형했다. 그녀의 책 《프랑스 여자는 살찌지 않는다》, 《프랑스 스타일》이 우리나라에도 번역, 소개되어 있다.

우리나라에서도 50대 중·후반의 많은 은퇴자가 100세 시대를 위해 생산적인 뭔가를 찾고자 시도하고 있다. 직업의 변형을 활발하게 시도하고 있으며 새로운 직업을 가지고 제2, 제3의 인생을 살아가는 사람도 많다.

> 70세 할머니는 화가가 되려고 올해 미술대학 새내기가 됐다. 60세의
> 전 보험대리점 대표는 '시(詩)'를 배우러 국문학과에 입학했다. 이들
> 은 50년 연하의 동기들과 스스럼없이 어울린다. 지난해 4년제 대학
> 의 6074 학생들이 532명으로 4년 새 50% 증가했다고 전했다.
>
> _〈중앙일보〉 2014년 9월 6일 자

　교직에 있다가 퇴직한 사람이 아파트 경비원이라는 새로운 직업을 가진다든지, 은행에서 퇴직하고 부동산 중개사로 전업한다든지, 대기업에 다니다 퇴직하고 바리스타로 전직했다는 이야기들이 더는 낯설게 들리지 않는다. 직업 이동을 위해 나이와는 상관없이 새로운 공부를 한다. 자신들이 전에 가졌던 직업과는 무관하게 새로운 직업을 위해 시도하는 사람들이 점점 늘어나는 추세다.

　수명이 길어지는 만큼 쌓이는 지식과 지혜를 토대로 창의력과 상상력을 발휘해야 하는 직업들이 놀라운 속도로 생겨날 것이다. 따라서 새로운 직업을 위해 계속 공부하고 능력을 계발해야만 직업전선에서 밀려나지 않고 자기 자리를 굳건히 유지할 수 있다.

밥상머리 교육,
책상머리 교육

탁!

식탁에 오른 고등어구이를 먹으려고 젓가락을 집어 올렸다. 바로 그때 순식간에 날라온 어머니의 숟가락이 내 젓가락을 내리쳤다.

대가족이 빙 둘러앉은 밥상 앞은 전쟁터를 방불케 했다. 비집고 들어갈 틈 하나 없이 좁기만 한데 어떻게든 여덟 명이 둘러앉아야 했다. 자리가 비좁아 언니와 나는 자리다툼을 하다 겨우 자리를 잡고 앉았다.

밥상은 놓였지만, 식구 수대로 국과 밥이 상 위로 다 올라올 때까지는 한참을 기다려야 한다. 그런데 맛난 고등어구이 냄새가 솔

솔 풍겨오자 그새를 못 참고 내가 젓가락을 올렸다가 어머니의 숟
가락 공격을 받은 것이다. 어머니는 소곤거리듯 낮은 목소리였지
만 단호하게 말씀하셨다. "어디! 어른이 수저도 안 드셨는데…."

어머니의 훈계는 몹시 호됐다. 할머니보다 먼저 젓가락을 든 죄
(?)로, 그것도 귀한 생선 반찬에 젓가락을 댔다는 이유로 부모님의
예의범절 연설이 길어졌다. 그날따라 배는 얼마나 고프던지, 그리
고 말씀은 왜 그리 길게 느껴졌던지….

밥을 먹을 때도 나는 먹고만 있을 수가 없었다. 밥과 반찬을 온
통 흘리면서 먹는 어린 동생들을 봐주어야 했기 때문이다. 밥 먹는
중간에도 물을 떠오거나 반찬을 더 가지러 가는 등 몇 번이나 일어
나서 부엌을 들락거리며 잔심부름을 해야 했다. 당시에는 그게 그
렇게 귀찮고 싫었다. 하지만 온 식구가 다 모인 저녁 식사 시간에
는 그날 동네 골목에서 일어났던 일들을 서로 얘기하며 웃음소리
가 끊이지 않기도 했다. 서로 주고받고 얘기하다 보니 부모님께서
는 우리 다섯 남매가 함께 어울려 노는 동네 아이들의 이름을 죄다
알고 계실 정도였다. 때론 무서운 호통이 날라오는 밥상머리이긴
했지만 지역뉴스에서 다룰 법한 흥미진진한 이야기들과 코미디
프로보다 더 재미있는 이야기들로 가득 찬 곳이기도 했다.

40년이 넘는 세월이 지났지만 그때의 행복했던 우리 가족의 모
습은 아직도 눈앞에 생생하다. 부모님이 가르쳐주셨던 그때의 예

의범절 또한 기억에 또렷이 남아 있고, 몸에 배어 아직까지도 그대로 실천해오고 있다. 직장생활을 해오면서 하나씩 깨달은 사실은 어렸을 적 밥상머리에서 부모님께서 가르쳐주고 행동으로 보여주셨던 것들이 직장에서도 그대로 적용된다는 것이다. 덕분에 직장을 옮겨다니면서도 다른 사람들보다 쉽고 빠르게 적응할 수 있었다. 주변 사람들과 크게 부딪히지 않고 잘 지내는 데 당시의 가르침이 크게 도움이 됐다는 것도 알게 됐다.

부모님께서 밥상머리에서 일러주셨던 것들은 사회생활에서도 기본 지침이 됐다. 어른이 수저를 들기 전에 아랫사람이 수저를 먼저 들지 않는 것은 윗사람에 대한 예의와 참을성이라는 가르침이었다. 어린 동생들을 돌보게 하셨던 것은 양보와 배려심을 키우기 위함이었다. 부모님을 도와 집안일을 하게 한 것은 부모님에 대한 소중함과 감사함을 알게 하는 가르침이었다. 나아가 그때의 가르침들은 스스로 일어설 수 있는 자립심으로 발전했다.

사회생활은 곧 가정생활의 연장이라고 했다. 어려서부터 가족 간에 서로 소통하고 양보하며 화목한 집안 분위기에서 자란 아이들은 성장해서 사회에 나왔을 때도 적응하기가 크게 어렵지 않다. 왜냐하면 가족도 하나의 작은 사회라고 할 수 있기 때문이다. 가족의 수가 많고 적고는 중요하지 않다. 요즘처럼 가족의 수가 적은 가정의 경우, 가족 중 단 한 사람만이라도 자신의 이야기에 귀를 기울여주고 서로 소통할 수 있다면 그것으로도 부족하지 않다.

하지만 요즘에는 모든 교육이 입시 위주이다 보니 가족이 한자리에 모여 식사를 하기는커녕 얼굴도 제대로 보기가 힘들다고 한다. 부모의 퇴근 시간 따로, 학원 다니는 아이들의 귀가 시간 따로라서 같은 집에 살면서도 옹기종기 둘러앉아 함께 밥을 먹기는 더욱 힘들어졌다.

몇 달 전 우연히 친구네 집에 들렀다가 저녁 식사 시간이 되어 저녁을 같이 먹게 됐다. 친구의 남편은 퇴근 전이었고 중학생, 고등학생인 아이들은 학원에서 막 돌아와 있었다. 함께 식탁에 둘러앉아 식사를 하는데 친구는 큰아이가 식탁에 앉기가 무섭게 성적 타령을 시작했다. 내 마음이 불편해진 건 그 때문만이 아니었다. 아이들은 둘 다 식탁에 앉았으면서도 손에는 밥숟가락 대신 휴대폰을 들고 있었다. 큰아이는 엄마가 성적 이야기를 하든 말든 대꾸도 한마디 안 하고 휴대폰만 뚫어지라 바라보며 뭔가 열심히 버튼을 누르고 있었다. 큰아이에게 잔소리가 끝나자 이번엔 작은아이에게 이번 시험에서 수학 성적이 왜 그 모양이냐고 혼을 낸다. 줄곧 성적 이야기만 하는 밥상머리에서는 먹은 게 체할 것 같아 친구에게 서둘러 인사한 뒤 나오고 말았다.

밥상머리에서 휴대폰만 두들기고 있는 친구의 아이들이 잘못한 걸까, 식탁 앞에서 흥분해서 자신이 하고 싶은 이야기만 일방적으로 하는 친구가 잘못한 걸까? 무척 혼란스러웠고 가슴이 답답했다. 어디서부터 잘못됐을까? 이런 모습이 혹시 가족과 함께하는 식사 자리에서 벌어지는 흔한 모습이 아닐까? 우리의 밥상머리는 학원 시간 일정을 짜는 자리이며 성적을 어떻게 올려야 할지 작전을 짜는 책상이 되어버린 것은 아닐까?

얼마 전 올해의 노벨 수상자가 발표되면서 노벨상을 많이 탄 유대인들의 자녀교육법이 세간의 관심거리가 됐다. 그들의 전인교육에 관심이 쏠리면서, 다행히 그 관심이 한국의 밥상머리 교육으로 자연스럽게 옮겨졌다. 그 과정에서 우리나라는 아이들의 인성교육이 잘 이루어지지 않는다는 점이 집중적으로 짚어졌다. 유대인은 세계 인구의 0.2퍼센트에 불과하지만, 그들이 세계에 미치는 영향력은 무시할 수 없을 정도로 크다. 노벨상 수상자의 22퍼센트가 유대인이고, 세계의 억만장자 40퍼센트가 유대인이라는 것은 이미 잘 알려진 사실이다. 유대인의 자본이 세계 금융시장을 장악하고 있을 정도이고 많은 글로벌 기업 역시 유대인의 손에서 태어났다. 세계 경제위기 당시 미국을 비롯한 전 세계 은행이 줄줄이 무너질 때 단 한 곳의 은행도 망하지 않은 유일한 나라가 바로 유대인들의 나라 이스라엘이다.

그 작은 땅덩어리, 소수민족 국가에서 세계를 움직이는 거인들을 수없이 탄생시킨 원동력을 많은 전문가는 '유대인 교육법'에서 찾았다. 아인슈타인, 프로이트, 마르크스, 록펠러 그리고 지금 세계적으로 맹활약을 하고 있는 구글 창업자 세르게이 브린과 래리 페이지, 페이스북 창시자 마크 주커버그 등이 모두 유대인이다. 그들의 교육법에서 핵심은 지식교육과 인성교육이 균형을 이루도록 전인교육을 한다는 점이다. 유대인들은 실제로 전인교육을 일상생활의 규범으로 실천한다. 그중에서도 모든 가정에서 가장 엄격하게 실천하는 것이 어릴 때부터의 밥상머리 교육이다. 사소해 보이는 습관들, 즉 아침밥 거르지 않기, 집안일 함께 거들기, 저녁 때 온 가족이 모여 식사하기, 잠자기 전 15분씩 책 읽어주기 등. 이러한 작은 생활규칙을 통해 아이들의 습관, 품성, 인격이 다듬어지고, 나아가 지능을 계발하는 데에도 큰 영향을 미친다.

유대인들에게 식탁은 소통의 장소이며 아이들의 인격을 형성하는 데 매우 중요한 장소다. 웃고 떠들며 대화를 나누는 과정에서 밥상머리 교육이 자연스럽게 이루어진다. 하루 동안 아이가 어떻게 지냈는지를 들으며 칭찬과 격려를 하다 보면 저절로 인성교육이 된다. 공부는 자연적으로 따라올 수밖에 없다.

'밥상머리 교육'으로 유명한 집안으로 미국의 케네디가가 있다. 케네디가의 교육은 식사 시간을 이용한 대화로부터 시작한다. 아홉 명의 자녀를 둔 케네디의 어머니 로즈 여사는 밥상머리 교육의 실천가로 유명하다. 식사 시간을 지키지 않으면 밥을 주지 않아 약속과 시간의 소중함을 일깨웠다. 식사 시간에는 신문기사에 관해

토론하고 질문하며 자신의 의견을 자유롭게 말하도록 했다. 서로 존중하고 상대방의 말에 관심을 기울이는 분위기를 통해 자연스럽게 아이들의 자신감도 키워주었다.

이런 이유로 2009년 〈워싱턴포스트〉는 미국 10대 정치 명문가 중 1위로 케네디가를 꼽았다. 또한 케네디는 미국인들이 가장 사랑하는 대통령이며 명연설가로도 유명하다. 케네디가 그처럼 뛰어난 리더가 될 수 있었던 밑바탕에는 어머니 로즈 여사의 밥상머리 교육이 있다고 해도 과언이 아닐 것이다. 하지만 우리나라 부모들은 어떤가? 아이들이 어릴 때에는 밥과 반찬을 떠먹일 정도로 과잉보호를 한다. 커서 학교에 다닐 때는 아이들의 호기심이나 자립심보다는 학업 성적에 열중한다. 더군다나 '넌 공부만 해'라며 집안일도 시키지도 않는다. 그러다 보니 아이들은 스스로 할 수 있는 것이 없게 되고 자신감을 키울 기회마저 얻지 못한다.

부모들이 성적 타령만 하는 밥상머리에서는 아이들이 입을 닫아버리고 소통하려 하지 않는다. 학교에서 그리고 책에서 아무리 많은 것을 배운다고 한들 책상에서 배우는 것만으로는 세상을 살아갈 수 없다. 밥상머리 교육은 우리 부모님, 또 부모님의 부모님으로부터 대대로 전해져 오는 세상을 살아가기 위한 살아 있는 교육이다. 지혜의 보고이기도 하다. 이보다 더 크고 생명력 있는 경험체는 없다. 부모가 경험 덩어리들을 직접 자녀 앞에서 보여주며 실천하는 것만큼 좋은 교육은 없다. 부모의 솔선수범과 밥상머리에

| 천 번의 이력서 |

서 자녀와의 소통은 자연스럽게 대물림된다. 자녀들이 보고 배우는 것이다. 그래서 자녀들이 사회생활을 하는 데 큰 밑거름이 된다. 어려서 경험할 수 있는 직접 경험과도 같은 간접 경험, 이것이 최고의 교육 아닐까?

가족 간에 소통이 없고 단절된 분위기 속에서 자라 거기에 익숙해진 아이는 사회에 나와서도 소통하기 힘들다. 이것은 오랜 직장 경험을 통해 많은 사람을 겪으며 터득한 사실이다. 요즘 곳곳에서 강조하는 소통, 그리고 우리의 아이들에게 그토록 키워주길 바라는 사고력과 창의력은 책상머리가 아니라 밥상머리에서 나온다.

질풍노도를 진정시킨,
책

> 어떤 슬픔도
> 한 시간의 독서로 풀리지 않은 적은
> 내 생애에 한 번도 없었다.

_몽테스키외

    삶과 죽음을 오갔을 정도로 내 사춘기의 질풍노도는 누구보다도 심각했다. 더군다나 적성에 맞지 않았던 상업계 고등학교에 진학하면서 환경에 녹아들지 못하고 늘 겉돌았다. 이유 모를 반항심이 극에 달했다. 수업 시간에 교실에 들어가지 않고 학교 주변을 배회

한 적도 많다.

끝이 언제인지도 모르는 깜깜한 방황의 터널 속을 헤매는 동안, 그곳에서 헤쳐나오기 위해 발버둥이란 발버둥은 다 쳐봤다. 혼자 이겨내야만 하는 싸움이었다. 복잡한 마음을 달래보려고 친구를 따라 교회에 다녀보기도 했다. 절에도 기웃거렸다. 몸을 혹사해보면 좀 나아질까 하고 배낭을 메고 혼자 산에 오르기도 했다. 하지만 사춘기의 방황이라는 거센 바람은 태풍의 중심으로 향해 가듯 점점 더 거세져만 갔다.

그런 나를 잠잠하게 해준 유일한 장소가 있는데, 바로 학교 도서관이었다. 다행히 치열하게 입시를 준비하지 않아도 됐던 나는 수업 땡땡이를 치고 도서관에서 이 책 저 책을 탐색하듯 읽어댔다. 도서관에 들어가면 제일 먼저 책과 책장에서 풍겨 나오는 나무 내음이 나를 사로잡았다. 그곳에 가면 폭풍 같던 마음도 쉬이 가라앉았다.

당시 읽은 책들은 지금 생각해보면 대부분 어려운 것들이었다. 요즘은 청소년들을 위한 책들도 다양하게 출간되어 나온다. 특히 방황하는 청춘들에게 길잡이가 되어주는 읽기 쉬운 책들도 많다. 하지만 당시 고등학교에 비치되어 있던 책들은 주로 문학, 철학, 역사, 시집 등이었다. 황순원, 서정주, 플라톤, 셰익스피어, 쇼펜하우어 같은 문호들의 작품으로 대부분이 고전이었다. 그것도 대부분 책이 지금처럼 가로줄이 아니라 세로줄 쓰기로 되어 있었다.

읽다 보면 눈이 아프고 읽던 줄을 놓치기 쉬웠다. 두세 장을 읽었지만 무슨 내용인지 줄거리가 잡히지 않기도 하고 눈이 피로해서 잠이 오기도 했다. 그런 때면 책을 베게 삼아 책 내음을 맡으며 단잠을 자기도 했다.

성장통을 겪느라 고통스러운 사춘기였지만 위대한 사상가, 철학가, 문학가들의 작품을 두루두루 읽을 수 있었던 그 시간들은 인생에서 두 번 다시 만나지 못한 커다란 행운이었다. 친구들이 입시에 시달릴 때 나는 시공을 초월해서 만난 저자들의 생각을 읽고 대화를 나눴으니 말이다.

나는 그렇게 책을 통해 내가 경험해보지 못한 세상과 만났다. 내 존재의 소중함을 알게 됐고, 진정한 행복이란 무엇인가를 생각하게 됐다. 지금 생각해보면 '나는 도대체 누구인가'를 가장 많이 생각한 시간이 그때였던 듯하다. 스스로를 성찰할 수 있는 나만의 철학이 싹을 틔웠다.

소설가 올리버 골드스미스는 이런 말을 남겼다. "책은 불행한 사람에게는 나무랄 데 없는 상냥한 벗이다. 인생을 즐기도록 해주지는 못할지 몰라도 적어도 인생을 견디도록 가르쳐준다."

책은 내게 그런 존재였다. 이후 세상을 살아오면서 숨이 막힐 정도로 일에 치여 지낼 때도, 경제적으로 힘들어 숨을 몰아쉴 때도, 죽음의 위기를 넘나들 만큼 좌절했을 때도 끝끝내 이겨낸 것은 책이 심어준 철학과 지혜의 힘이 있었기 때문이다.

책은 인생길을 함께 걸어준 내 절친한 친구였다. 더는 걸을 힘이 없어 쓰러져 있을 때는 힘내라 외치는 응원군이 되어주었다. 축 처진 어깨로 지나온 길을 돌아보며 한숨을 지을 때는 어깨를 토닥이며 '넌 할 수 있어, 괜찮아'라고 말해주는 훌륭한 멘토였다.

헨리 데이빗 소로우는 "한 권의 책을 읽음으로써 자신의 삶에서 새 시대를 본 사람이 너무나 많다"고 했다. 책을 읽음으로써 나는 일일이 나열할 수 없을 정도로 많은 세계를 봤다.

그런 이들 중 가장 최근에 책을 통해 만난 작가가 있다. 《하루 10분 독서의 힘》을 펴낸 임원화 작가다. 작가가 되기 전 그녀는 지극히 평범한 간호사였다. 그런데 중환자실로 발령받아 영화나 드라마에서나 볼 법한 일들을 경험하면서 스스로에 대한 정체성과 삶의 위기를 느꼈다고 한다.

그녀는 억척스럽게 책을 읽으면서 그 위기들을 이겨냈다. 인생의 역경을 딛고 일어선 사람들의 성공적인 삶을 책에서 만나며 위로받고 힘을 얻은 것이다. 중환자실 간호사로 3교대 근무를 하는, 시간제약을 많이 받는 직업임에도 그녀는 책을 몰입해서 읽으며 《하루 10분 독서의 힘》을 써내려갔다. 그 책은 몰입 독서의 힘을 전파하면서 베스트셀러가 됐다. 책을 읽었기에 결국 책을 쓸 수 있었다는 사실도 널리 알려주었다. "직장인 대부분은 바쁜 업무 때문에 글 한 줄 읽을 시간도 없다고 하지만, 실제로는 대부분의 시간을 스마트폰에 쏟아 붓고 있다"는 부끄러운 우리의 현실 또한 지적했다. 그녀는 "아무리 바쁘고 여유가 없어도 하루 중 10분은 내기 힘든 시간이 아니다. 독서를 우선순위로 삼는 마인드와 하루 10분의 실천이 위대한 자신을 만든다는 믿음을 가지면 결코 어렵지 않다"고 말한다. 나 또한 그녀 말에 동감하면서 독서 실천에 힘쓰고 있다.

나의 롤모델이기도 작가 조앤 K. 롤링은 정부 보조금으로 살았을 만큼 가난했다. 아이가 딸린 서른두 살의 이혼녀이기도 했다. 그녀가 절박감으로 쓴 《해리포터》가 출간되자 전 세계적으로 베스트셀러가 됐고 그녀는 4억 달러의 자산을 가진 미디어 거물이 됐다. 책이라는 콘텐츠 시스템을 통해 어머어마한 부를 쌓고 인생역전을 이룬 것이다.

토크쇼의 여왕 오프라 윈프리 또한 책을 통해 새로운 인생을 살게 된 대표적 인물이다. 그녀는 다독가로 널리 알려져 있는데 책을 한 권 한 권 읽을 때마다 감사 일기를 써내려갔다고 한다.

그 외에도 세계에서 영향력을 미치는 인물들이 책과 가까운 인생을 살았음은 누구나 아는 사실이다. 책은 무한한 상상력과 창조성과 통찰력을 가져다준다. 또한 성공의 길을 알려주는 안내자의 역할을 한다.

책을 통해 성장하며 성공했기에 직원들에게도 독서를 권장함으

146　　　　　　　　　　　　| 천 번의 이력서 |

로써 회사의 성장을 이끌어가는 한 벤처회사의 CEO가 있다. 나는 은행 업무로 그 회사의 사무실을 방문할 기회가 있었다. 안으로 들어서는 순간 회사 사무실이라기보다는 대형 북카페가 연상됐다. 마치 도서관을 옮겨놓은 듯이 방대한 분량의 책들이 갖춰져 있었다. 직원들이 자유롭게 이용할 수 있는 독서용 휴게실이 있는 것도 보였다. 언젠가 사진으로 본 적이 있는 세계의 대표적인 창의적 사무실, 바로 구글의 사무실 전경 같았다. 잠시 방문한 나도 책 선물을 받았다. 이 회사는 얼마 전 '대한민국 일하기 좋은 100대 기업'에 선정되기도 했다.

책은 직원들 사이를 잇는 훌륭한 소통의 매개체가 된다. 직장 내에서 독서를 권장하고 책 읽는 분위기를 만드는 회사는 반드시 성장할 수밖에 없다. 책을 읽는 직원들은 성장하기 마련이며, 그 직원들의 미래가 곧 회사의 미래이기 때문이다. 이 회사의 CEO는 급변하는 현시대와 더욱 급변할 미래에 대한 통찰력을 갖춘 진정한 리더로 보였다. 우리나라에도 이러한 벤처회사가 있다는 사실에 자부심을 느꼈다. 또한 앞으로 글로벌 시장을 주도할 것이라는 생각에 마음이 든든해졌다.

"모든 독서가가 다 리더가 되는 것은 아니다. 하지만 모든 리더는 반드시 독서가여야 한다." 해리 S. 트루먼의 말처럼 모든 리더가 독서가이기를 바란다. 또한 우리가 하루 대부분을 보내며 일하는 직장에 책을 권장하는 분위기가 형성되기를 바란다. 그럼으로

써 서로 소통이 잘되는 직장이 되기를 소망한다.

나는 책을 읽음으로써 힘든 갈등의 시간을 이겨냈다. 절박한 시기 또한 이겨냈다. 그러고 나자 인생이 바뀌었다. 책은 내 삶의 오아시스다.

나는 그동안 미래를 생각하면서 책이라는 경로를 통해 부지런히 씨앗을 뿌려왔다. 그 열매를 지금 거두고 있다고 느낀다. 책을 쓰면서 나 자신을 정립했기 때문이다. 한 줄 한 줄 나에 대한 정체성을 세웠다. 지나온 삶을 하나하나 되돌아보며 무엇이 잘못됐는지 반성했고 그 토대 위에 기초를 다시 쌓아가고 있다.

COMPANY
Street #: Street
City #: city.
phone #: 12312311-1231231
e-mail #: xxxxxaaa.xx

이제
평균은 없다

이 세상에는 두 부류의 사람이 있다. 살면서 공부를 꾸준히 하는 사람과 학교 과정이 끝나면 공부와 완전히 담을 쌓아버리는 사람. 하지만 이제 공부는 선택의 문제가 아니라 평생 당연히 해야 하는 필수 과제가 됐다. 앞으로 우리는 예전에 비해 수명이 훨씬 늘어난 세상을 살아가야 하기 때문이다.

오래 살아야 하는 우리에게, 학창 시절 공부한 것만으로는 생계를 이어가는 데 어려움을 겪을 수밖에 없다. 그 문제 때문에라도 사는 동안 공부를 계속 해야만 한다. 또한 사회가 워낙 빠르게 변화하기에 공부를 통해 적응력을 키우지 않으면 어느 때라도 도태

될 수 있다.

이를 증명이라도 하듯 나이가 60이건 70이건 아랑곳하지 않고 공부하기 위해 대학에 입학하는 사람들이 점점 증가하고 있다. 또한 배움을 통해 미처 이루지 못한 자신의 꿈을 이루기 위해 나이라는 한계를 기꺼이 벗어던지는 사람들도 점점 많아지고 있다. 그동안은 '배움에는 다 때가 있다'는 말이 진리처럼 통했다. 하지만 현시대는 평생교육, 평생공부가 필수인 시대가 됐다.

일찌감치 직업전선에 뛰어들어야 했던 나는 고등학교에 다닐 때 직장생활에서 필수로 요구하는 기술을 준비했다. 3년 내내 공부한 상업과목들이 주산, 부기, 타자이고 이 과목들의 국가기술자격증까지 땄다. 이 세 가지는 당시 취업을 준비하는 학생들에겐 없어서는 안 될 필수 자격증이기도 했다. 해당 자격증이 없으면 대기업이나 금융권 공채시험에 응할 수도 없을 정도로 중요한 기술이었다.

하지만 학교를 졸업하고 사회에 나오자마자 계산기와 컴퓨터라는 것이 등장했다. 동시에 3년 내내 공부해서 땄던 자격증들이 모두 무용지물이 됐다. 3년 내내 죽으라고 배운 기술들이 순식간에 구시대의 유물로 전락해버린 것이다. 오랫동안 최고의 자격증이라고 여겨지던 것들이 하루아침에 그렇게 되리라고는 당시 누구도 상상하지 못했을 것이다.

컴퓨터 시대에 적응하기 위해 나는 또다시 머리를 싸매고 컴퓨터를 배워야 했다. 일하던 사무실에 처음 컴퓨터가 등장했을 당시만 해도 DOS형 컴퓨터라 사용법이 무척 어려웠다. 덩치도 무척 커서 컴퓨터를 책상에 올려놓으면 다른 사무용품을 아무것도 올려놓을 수 없을 정도였다. 사용법이 어려운 데다 느리기까지 해서 기본적인 문서작성 방법을 익히는 데도 오랜 시간이 걸렸다. 더군다나 기계치였던 나는 컴퓨터를 익혀가면서 업무를 병행해야 했기에 배우는 게 더 더뎠다. 늦은 시간까지 야근을 해야 하는 경우도 많았다.

'우리에게 새로운 것은 준비할 겨를도 없이 너무도 빨리 닥친다!'는 말을 들은 적이 있다. 내게 새로운 것이란 버거운 것과 동의어였다. 잘하는 건 둘째치더라도 익혀서 업무에 지장이 없을 정도만 되어도 감지덕지였다. 학창 시절 힘들게 딴 자격증들이 별 쓸모가 없어진 이후, 나는 이렇다 할 새로운 기술이나 자격증 없이 직장생활 30년을 버텼다. 잘 버텨온 것이 오히려 신기할 따름이다. 결국에는 도태됐고 사회적으로 수없이 퇴짜를 맞았지만 말이다.

현재 내가 가진 능력만으로는 앞으로는 더 어려운 현실에 부딪힐 수밖에 없다. 그래서 공부가 절실히 필요하다는 것을 뼈저리게 느끼고 있다.

고등학교를 졸업하고 15년 가까이 매달린 공부는 오로지 대학 졸업장 하나를 위한 공부였다. 그래서 오랜 시간 투자했음에도 나를 성장시켜주지 못했다. 처음부터 끝까지 읽어본 전공서적 한 권이 없는 판이니 제대로 된 공부도 아니었다. 결과적으로 학교 공부는 후에도 밥벌이하고는 전혀 상관없이 되어버렸다. 그렇다고 당시 하던 일에 성과를 올릴 수 있도록 동기부여를 해준 것 또한 아니었다.

수십 번 직업을 바꿀 때도 학교 다니면서 했던 공부와 전공은 전혀 보탬이 되어주질 못했다. 더군다나 내가 일한 직장들은 대부분 대학 졸업장이 없어도 취업이 가능한 곳들이었다. 공부란 부족한 것을 채워가는 과정이어야 한다. 그럼에도 부족함을 채우는 공부가 아니라 오로지 이력서에 학력이라는 한 줄을 더 보태기 위해 공부했던 것이다.

나는 부족한 것을 채우기 위한 공부를 다시 시작했다. 공자는 "벼슬하면서 여유가 있으면 공부를 하고, 공부를 하면서 여유가 있으면 벼슬을 한다"고 말했다. 하지만 내 상황은 공자가 말한 바와는 꽤 거리가 있었다. 여유는커녕 공부를 하기 위해 학비를 버느라 늘 여유가 없었다. 경제적인 여유만이 아니라 시간에도 늘 쫓겼다. 그간 4년제 대학 졸업장이라는 허울을 위해 정작 나 자신을 성장시키기 위한 공부에 써야 할 시간들을 많이 뺏겼다는 사실이 무척 아쉽다. 하지만 이제라도 진짜 공부를 시작했다는 걸 천만다행이라 여긴다. 지난 시행착오와 경험들을 통해서 어떤 공부를 해야 좋을지도 깨닫게 됐다. 참 아둔하게도, 마흔 번이 넘는 직업을 거친 뒤 이제야 어떤 재능과 적성을 살려야 할지 알게 된 것이다.

　진짜 공부를 하기 위해 나는 '책을 통해서'라는 방법을 선택했다. 책에는 나보다 앞서간 사람들에게 배울 점들이 오롯이 담겨 있다. 또한 뛰어난 성과를 거둔 사람들의 성공 경험과 시행착오도 착실히 담겨 있다. 나의 학교는 바로 책이다. 학교에 다녀도 배우지 못했던 것들이 책에는 모두 담겨 있었다. 살아오면서 절실히 필요로 했던 것들이 모두 거기에 있었다. 나의 자존감을 키워줄 수 있는 공부, 실패한 자신을 다시 일으켜 세울 수 있도록 용기를 북돋는 법들도 책에서 배웠다. 이런 것들은 학교에서 배울 수 있는 것들이 아니다! 이게 바로 내가 학교나 학원이 아닌 총집합체가 되어줄 수 있는 책을 선택한 이유다. 나아가 하고 싶은 분야에 대해 자신이 직접 책을 쓴다면, 더욱 깊이 있는 최고의 공부를 할 수 있다.
　퓰리처상 수상자인 토머스 프리드먼은 한 칼럼에서 '평균은 끝났다'며 다음과 같이 말했다.

　예전에는 평균적인 기술을 가진 노동자가 평균적인 일을 하면 평균적인 생활양식을 누릴 수 있었다. 그러나 오늘날 평균이란 것은 공식적으로 끝났다. 평균이 되더라도 이전과 같은 것들을 누릴 수는 없다.

이제 어중간한 노동자가 더 나은 생활 수준을 누리기는 점점 더 어려워질 것이라는 말이다. 정말 와 닿는 말이다. 지금 우리 앞에 닥친 현실을 적나라하게 보여주는 것 같다. 나는 적어도 내가 평균에는 속한다고 생각하며 지내왔다. 얼마 전까지만 해도 그랬다. 하지만 생계 문제에서 평균이라고 생각했던 것이 사실은 바닥 근처였다는 점을 체감했다. 앞으로는 그나마의 평균 개념도 점차 없어질 것이다. 지금 이대로 아무것도 배우지 않고 공부하지 않는다면 평균은 고사하고 하위권에도 머물러 있지 못할 것이다. 말 그대로 바닥으로 추락하는 것이다. 어중간하지 않기 위해선 자신만의 가치를 키울 수 있는 공부가 필요하다.

친구들 만나 수다 떨기 좋아하고 여행을 좋아하는 내 성격에 의자에 엉덩이 붙이고 책을 읽고 쓰는 건 절대 쉬운 일이 아니었다. 1년을 칩거하다시피 했다. 그러나 과정은 참 행복했다. 거기다 책 쓰기를 통해 자제력과 끈기도 키울 수 있었으니 두 마리 토끼를 잡은 셈이다.

공병호는 《공병호의 공부법》에서 이렇게 이야기한다.

> (…) 내가 왜 공부해야 하느냐에 대한 답을 간단명료하게 정리할 수 있다. '세월이 흘러가더라도 오래오래 세상에 필요한 가치를 제공할 수 있는 사람이 되는 것이다.'

진정 가치 있는 사람이라면 특정 조직이나 특정 인물의 선의나 호의에 의지하지 않고, 은퇴라는 세상 기준에 얽매이지 않고 자유롭고 당당한 인생을 살아갈 수 있을 것이다.

내가 공부하는 가장 큰 목적 역시 세상에 필요한 가치를 제공할 수 있는 사람이 되는 것이다. 이제는 사회로부터 퇴짜당하지 않는 '쓸모 있음'으로 인정받으며 살고자 한다. 그러려면 내 경험을 나누고 도움이 될 수 있는 사람으로 살기 위한 나의 공부가 필요하다. 공부를 한다는 것은 자신의 미래를 향해 한 발자국 더 내딛는 가장 좋은 방법이 아닐까? 학업을 쌓는 것은 세상을 잘 살아가는 토대를 만드는 일이다. 내가 지금 하고 있는 공부가 앞으로 나의 성장과 발전이라는 열매를 맺는 데 양질의 토양이 되어주리라는 점을 확신한다.

천천히 걸을지언정
뒤로는 가지 않는다

"나는 30년을 버텨왔고 30년을 기다려왔다. 앞으로 30년도 자신 있
다. 그릴 때는 '포기해' '시간낭비지' 하며 수십 번은 갈등하지만, 그
려놓고 보면 흡족하다. 이렇게 말하면 욕먹겠지만, 요새는 그리는
족족 마스터피스(걸작) 같다. 이제 예순이 다 되어 그저 내 귀가 순해
져(耳順) 그러는 건지, 정말 좋아진 건지는 전시장 와서 판단하시라."

_〈중앙일보〉 2014년 6월 4일 자

　현재 생존 중인 국내 화가 중 가장 작품값이 '비싼' 화가인 오치
균이 일간지 인터뷰에서 한 말이다. 그는 유학 시절 세탁소에서 다

림질을 하며 생계를 이을 정도로 가난했지만 그림을 끝까지 포기
하지 않았다.

세상에 공짜는 없다. 유명세만큼, 그의 대가는 큰 듯했다. 비싼 작가
로 등극했지만 30년을 아프고 치열하게 그림을 그려왔다. '콤플렉스
덩어리였다'는 그는 '이제야 내가 그린 그림이 마음에 들 때가 많다'
고 했다. 수십 번을 포기하다가도 이런 역경이 지나면 좋은 그림이
나오더라는 기대치가 있기에 그는 끝까지 포기하지 않았다.

그와 그의 그림은 그렇게 오랜 기간 무명 시절을 겪었다. 지금
그의 작품은 인기가 식을 줄을 모르고, 값 또한 계속 치솟고 있다.
그는 세탁실에서 다림질을 하고 있을 때 과연 자신이 훗날 이렇게
유명한 화가가 될 수 있으리라 상상이나 했을까? 포기하지 않고
계속 나아간다면 아무리 시간이 걸려도 좋은 시절이 올 수 있다는
것을 그의 그림 인생을 통해서 볼 수 있다. 하지만 우리는 자신이
하고 싶은 일이나 꿈을 너무나 쉽게, 너무나 빨리 포기한다. 금세
낙담하고 현재의 상황에 빠르게 안주하며 살아간다.
시련이 닥치면 그 순간에는 지금 누리고 있는 안정적인 생활이
금방이라도 무너질 것만 같다. 한번 나락으로 빠지면 다시는 그 깊
은 수렁에서 벗어날 수 없을 것처럼 위기감을 느낀다. 내게도 그러
한 시간들이 있었다. 해결의 실마리는 전혀 보이지 않고, 죽음밖

에는 길이 없는 것 같은 시련의 시기였다. 하지만 도저히 이겨낼 수 없을 것만 같던 시련의 과정은 언제 그랬느냐는 듯이 지나갔다. 그리고 오늘날 이렇게 멋진 날이 찾아왔다. 우리네 인생에는 희망의 빛이라곤 보이지 않는 날이 꼭 한 번쯤은 필수과목처럼 찾아온다. 그러나 그 어둡고 '나쁜 기회'는 그것을 밟고 올라섰을 때 우리에게 '착한 기회'로 다가와 준다.

'21세기 레오나르도 다 빈치'로 불리는 위대한 미래학자 R. 벅민스터 풀러의 이야기를 보자. 서른두 살 때, 그는 무일푼이었고 전혀 유명하지도 않았다. 파산하고 실직한 상태였으며 부양할 아내와 아이 하나가 있었다. 얼마 전에 첫 아이를 잃어 상심이 큰 때였다. 상실감에 사로잡힌 그는 허구한 날 술만 마셔댔다. 어디에서도 희망의 빛이 보이지 않았고, 급기야 자살을 결심하게 된다. 미시간 호수의 수면을 내려다보며 그는 두 가지 중 하나를 선택해야 했다. 하나는 그냥 뛰어내려 버리는 것, 그리고 다른 하나는 '왜 나는 철저히 실패했는가'의 답을 찾아나가는 것. 고심 끝에 그는 해답을 찾아나가는 쪽을 선택했다.

그는 자신을 되돌아보기 시작했다. 그러면서 스스로를 얼마나 한심스럽게 여기고 있었는지 자각하게 된다. 그는 즉시 모든 것을 잊어버리기로 하고 더는 부정적인 생각을 하지 않기로 굳게 마음먹는다. 그는 알고 싶었다. 세상을 바꾸기 위해 한 인간이 할 수 있는 것이 무엇일까? 이후 56년 동안 그는 온몸을 바쳐 그만의 실험을 했다. 온갖 위험을 무릅쓰고 갖은 노력을 기울였다. 그러한 노력 끝에 그는 건축가, 발명가, 작가, 위대한 지도자가 됐다. 그는 사망할 때까지 모두 28권의 저서를 남겼고 44개의 명예박사 학위를 받았으며 25건의 특허 출원을 기록했다. 성공한 강사로 지구를 57바퀴나 돌았고 강연, 인터뷰, 저서 등을 통해 수백만의 사람을 만났다. 그의 저서들과 강의들은 사람들의 시각을 바꾸어놓았다. 세상을 바꾼 것이다.

그는 죽음으로 대신할 수밖에 없는, 해결방법이 전혀 없어 보이는 어려운 현실에 처해 있었다. 하지만 시련의 어둡고 나쁜 기회를 밟고 일어서 스스로의 노력으로 착한 기회로 바꿔놓았다. 무엇이든 한 번에 쉽게 이루어지는 것은 없다. 모든 열매는 여러 가지 어려운 과정과 시련과 좌절 속에서 맺힌다.

에이브러햄 링컨 역시 억세게 운 나쁜 사나이로 불릴 만큼 험난한 인생을 살았다. 불운한 어린 시절을 겪었고 사업도 여러 번 파산했으며 선거에 출마할 때마다 낙선하는 숱한 좌절과 아픔을 겪었다. 그렇지만 그는 늘 다시 일어섰다. 상원의원 선거에서 패배한 링컨은 이렇게 말했다. "내가 걷는 길은 험하고 미끄러웠다. 그래서 나는 자꾸만 미끄러져 길바닥에 넘어지곤 했다. 그러나 나는 곧 기운을 차리고 나 자신에게 말했다. '괜찮아. 길이 약간 미끄럽긴 해도 낭떠러지는 아니야'. 나는 천천히 걸어가는 사람이다. 그러나 뒤로는 가지 않는다.”

　그는 그렇게 스스로에게 다짐하며 절망적인 상황을 이겨냈고, 길고 길었던 ‘무명 시절’을 미국 대통령 당선이라는 ‘유명 시절’로 일구어냈다.

　누구에게나 무명 시절이 있다. 무명 시절을 바꿀 기회는 언제고 우리 곁에 있다. 흔히 말하는 ‘좋은 기회’만이 기회인 것은 아니다. 나 자신을 돌이켜봤을 때 시련 속에서 오는 나쁜 상황이 오히려 더 ‘착한 기회’가 되어주었다. 진정으로 가치 있는 기회는 나에게 고통이 몰려온 그 순간, 어둡고 힘든 시련의 손을 잡고 같이 온다. 시련과 함께 온 기회를 딛고 이겨내서 이뤄낸 유명 시절은 오래간다. 왜냐하면 어떤 역경이 또다시 다가와도 뛰어넘을 수 있는 괴력을 우리에게 선물하기 때문이다. 실패와 역경을 이겨낸 연륜은 어떤 이론과 지식을 가진 것보다 큰 힘을 발휘할 수 있다. 또한 어려움 없이 단숨에 치고 올라가 큰 인기를 누릴 수 있는 사람은 세상에 많지 않다. 만약 그런 사람이 있다면 그 자리에 이른 짧은 시간만큼이나 정상에 머무는 시간도 짧다. 우리는 그러한 모습을 무수히 지켜봤다.

　어디로 가야 할지 전혀 모르겠는가? 버틸 힘이 완전히 바닥났다고 생각되는가? 내 인생이 빛도 한번 발휘해보지 못하고 그늘에 계속 머물러 있다고 생각되는가? 그렇다면 지금 무명 시절을 지나

　　　　　| 천 번의 이력서 |

고 있는 것이다. 그리고 바로 지금이 비상을 위해 준비할 시간이다. 지금이야말로 자신을 가다듬고 변화시켜 새로운 가치를 부여할 때다. 포기하지 않고 멈추지만 않는다면 언젠가는 무명에서 벗어나 '인기 있는 날들'을 맞을 수 있다.

지금의 이 나쁜 상황을 착한 기회로 돌리기 위해서 무엇을 어떻게 해야 할까? 너무나 막연하고 방법을 모르겠다면 지금 당장 서점으로 달려가라! 그리고 가장 먼저 눈에 들어오는 책을 잡아라. 당신에게 필요한 에너지가 손으로 전달되어 당신에게 꼭 필요한 책을 잡게 할 것이다. 바로 그 책 속의 내용은 당신이 뒤로 가지 않고, 멈추지 않으며, 앞으로 걸어갈 수 있게 하는 내비게이션이 되어줄 것이다.

나 역시 그 방법으로 내 인생을 전환시켰다. 무명에서 유명으로 말이다.

직업을 따라 유랑하는 신인류, 잡노마드

컴맹과 못난이 또는 IT 갑부와 총리

역경은 왜 존재할까

30년간의 명함 뭉치

양다리로 살아남아라

달팽이가 느리다고?

변할 수 있고, 변해야 한다

4장

•

인생에서
버릴 경험이란 없다

직업을 따라 유랑하는 신인류, 잡노마드

나는 잡노마드(Job nomad)다. 직업을 따라 유랑하는 유목민. 전통적인 직업인이 평생 한 직장, 한 지역 그리고 한 가지 업종에 매여 살았다면 이러한 제한에서 벗어난 사람들이 잡노마드다. 최근에는 다람쥐 쳇바퀴 도는 듯한 삶으로부터 해방되고 싶어 하는 자발적인 잡노마드가 증가하고 있다. 나 역시 그동안은 생계를 위해 직업을 전전하며 유랑하는 잡노마드였다. 하지만 지금은 내 의지에 따라 자유롭게 직업을 개척하며 유랑하는 잡노마드가 됐다.

독일의 미래학자 군둘라 엥리슈는 《잡노마드 사회》에서 평생 한 직장, 한 지역, 한 가지 업종에 얽매여 살지 않는 사람을 잡노마드라고 정의했다. 최근 우리 사회도 남들이 부러워하는 안정된 직장과 그 속에서 쌓은 업적을 미련 없이 버리고 잡노마드로 변신한 사람들이 많다. 그리고 지금 이 순간에도 보이지 않는 어디에선가 잡노마드로서 길을 개척해나가는 이들이 있을 것이다.

우리나라에서 대표적인 잡노마드는 공병호경영연구소의 공병호 소장이라고 생각한다. 그는 경제연구소 연구원과 대학 강사, 벤처기업 사장, 정보통신기업 대표 등을 거쳐 현재는 자신의 이름을 딴 공병호경영연구소 소장으로 활동하고 있다. 그는 "전문성을 생각한다면 여러 분야로 옮겨다니는 것보다는 한 분야에서 경력을 쌓는 게 좋다. 그러나 하고 싶은 일이 많아서 한 분야에서 일하기가 싫다면 여러 분야에서 응용할 수 있는 핵심 역량을 길러야 새로운 분야에 연착륙할 수 있다"고 말했다.

지금은 직장을 옮겨다녀야 하는 시대이기에 회사 안에 있든 밖에 있든 통용될 수 있는 실력을 쌓는 것이 매우 중요하다. 빠른 변화의 시대이므로 어떤 흐름이 오더라도 대처할 수 있도록 실력을 닦아놓아야만 한다. 그러려면 자신의 개성과 능력이 어떤 것인가를 먼저 파악하는 것이 중요하다.

왜 우리는 직업을 찾아 유랑하는가?

한 인터넷 카페에 '대한민국에서 가장 힘든 직업 1위'라는 제목의 글이 있었다. 가장 힘든 일은 택배회사에서 야간 상·하차를 하는 일이라고 한다. 개인에 따라 힘들다고 하는 일에 차이가 있을 수 있겠지만 택배 일은 그냥 옆에서 지켜보기만 해도 무척 힘들어 보인다. 그렇다면 사람들이 생각하는 '최고의 직업'은 어떤 것일까?

헬렌 S. 정의 《나는 왜 일하는가》에 소개된 사례를 보면 그와 관련한 실마리를 얻을 수 있다. 2009년, 호주 퀸즐랜드 관광청에서는 세계 최고의 직업이라는 타이틀을 걸고 지상낙원이라 불리는 해밀턴 아일랜드의 섬지기 자리를 공개 모집한 적이 있다. 섬지기의 임무는 섬에서 주어진 것을 최대한 활용하여 즐겁게 노는 것이었다. 지상낙원에서 최고의 대접을 받으며 6개월간 머무는 대가로 섬지기는 무려 1억 5,000만 원을 받게 된다. 거기에다 해변의 아름다운 저택을 비롯하여 다양한 혜택까지 주어지는 일자리였다. 이 구인광고에는 무려 1억 명이나 되는 이들이 몰려들었다. 그런데 섬지기는 모두가 기대했던 것처럼 최고의 직업이었을까?

결론을 이야기하자면 전 세계인이 그렇게도 부러워하고 한 번쯤 해봤으면 했던 최고의 일자리였으나, 기대한 만큼 그렇게 편하고 호화로운 일은 아니었다는 것이다. 섬지기는 먹는 시간과 자는 시간을 제외하고 하루 열아홉 시간씩 일주일에 7일을 꼬박 일해야만 했다. 6개월간 하루도 빼지 않고 말이다. 기자회견, 판촉행사, 공식 일정 등의 이벤트로 가득한 일정을 소화해야 했기에 기진맥진하도록 힘든 스케줄의 노예로 살았던 것이다.

결과적으로 섬지기는 노동 시간이나 스트레스 그리고 노동의 강도 면에서 다른 어떤 일보다 나을 것이 없었다. 더욱이 그 일들은 별다른 기술이 없어도 할 수 있는 아주 단순한 것들이었다. 전문성이라는 면도 찾아보기 힘들었기에 일을 하면서 자기만족을 느낄 수 없었다고 한다. 실제 섬지기로 있었던 주인공 벤 사우스홀은 6개월간의 계약이 끝난 후에 만족할 만한 보수를 받았지만 결국엔 실직자 신세로 전락했다. 사람은 어떤 일에 대해 기대가 클수록 그 일을 경험하고 나면 실망이 커진다고 한다.

이처럼 전 세계 사람이 부러워했던 최고의 직업 이면에도 이토록 놀라운 이야기가 숨어 있다. 쉽고 화려해 보이는 일도 실제로 경험해보면 예상하지 못한 어려움들이 있다. 지상낙원에서 일했던 섬지기에게는 헬렌 S. 정이 언급한 웰빙의 전제조건, 즉 자유로움과 자기 일에 대한 통제력이 없었던 것이다. 또한 그에게는 자신이 하는 일에 대한 보람도 사명감도 없었다. 한마디로, 통제력을 상실한 상황에서는 아무리 좋은 조건이라도 결코 행복할 수 없다는 것이다. 우리가 직업을 따라 유랑하는 것은 조금이라도 더 자유롭게 일하면서 행복도 함께 누리고자 함이 아닐까?

간혹 내가 경험했던 마흔 가지 직업 중에서 어떤 직업이 가장 힘들었느냐는 질문을 받곤 한다. 사실 다 힘들었다. 돈을 받고 하는 일인데 어떤 일이 쉽겠는가.

육체적인 것만으로 가장 힘들었던 직업을 꼽는다면 호텔 청소였다. 하지만 육체적으론 무척 고됐지만 정신적으로는 스트레스를 받지 않았다. 하루 자고 나면 피곤한 몸은 금방 회복됐다. 힘들게 청소하고 난 후에 깔끔해진 객실 안을 둘러볼 때면 마음이 상쾌해졌고 보람도 느꼈다. 이에 비해 정신적으로 가장 힘든 일은 텔레마케터였다. 텔레마케터는 감정노동 강도가 심한 직종 중 하나다. 한정된 공간 안에서 일해야 하는 데다 정해진 '콜 타임'이라는 것이 있어 공간적, 시간적 제약을 받는다. 감정적인 통제는 물론이다. 그래서 정신적 스트레스가 무척 심했다. 몇 시간 통화를 하고 나면 몸 안에 있는 에너지는 다 빠져나가고 빈 껍데기만 남은 것처럼 느껴진다. 정신적 스트레스로 체력이 많이 소진되어 청소보다 오히려 육체적 피로감이 더 컸던 직업이다.

그런데 이런 육체적 강도와 정신적 강도 둘 다를 합친 것 이상의 스트레스를 주는 직업이 있었다. 바로 '영업 마케터'란 직업이었다. 우선 출퇴근 자체가 고역이었다. 이른 새벽 5시에 집을 나서야 하는 날이 많았고, 저녁 10시가 넘어서 퇴근해야 하는 날도 많았다. 시간적인 것은 물론이고 육체적인 노동의 강도도 엄청났다. 실적을 위해서라면 영업 현장 천장에 풍선을 달기 위해 사다리를 타고 올라가는 것도 마다할 수 없다. 무거운 팝콘 기계를 싣고 이동하며 현장에서 팝콘을 튀겨야 할 때도 있었다. 종일 자료가 들어있는 무거운 서류가방과 짐을 들고 다니는 일은 필수였다. 이러한 육체적인 일들조차 실적에 대한 압박감에 비하면 아무것도 아니었다. 끊임없이 경쟁사와 실적을 비교당하며 매일, 매주, 매달 실적을 마감하고 보고해야 하는 상황이었으므로 숨이 막힐 만큼 강한 압박감을 느꼈다. 영업 마케터란 직업은 내가 경험한 직업 중 육체적으로도 정신적으로도 가장 힘든 직업이었다.

자신이 하고 있는 일이 쉽다고 말하는 사람이 세상에 몇이나 있을까? 어떤 직업, 어떤 일을 막론하고 쉬운 일은 없다. 헬렌 S. 정이 말한 것처럼 '이 세상 최고의 직업'은 없다. 어쩌면 이 세상 최고의 직업은 자신의 직업에 얼마나 만족하느냐에 달려 있을 것이다. 그래서 우리는 자신에게 꼭 맞는 이상적인 직업을 찾아 오늘도 잡노마드가 되어 유랑한다.

컴맹과 못난이 또는
IT 갑부와 총리

오늘날 천재적 사업가로 알려진 알리바바의 신, 마윈의 명성을 모르는 사람은 없을 것이다. 2014년 9월 19일 그가 창업한 세계 최고의 전자상거래업체인 알리바바가 상장되던 날, 세계 언론의 관심이 뉴욕증권거래소에 집중됐다. 2015년 4월 기준 알리바바의 시가총액은 한화로 약 200조를 오르내리고 있다. 세계 인터넷 기업 1위인 구글 다음이다. 이와 함께 마윈은 중국 최고의 부자로 등극했다.

현재 내가 일하고 있는 회사에서도 알리바바닷컴을 통해 수출입 거래를 하고 있다. 이름이 알려지지 않은 작은 회사에서도 이러하니, 세계의 얼마나 많은 기업이 알리바바 회원으로 가입해 거래를 하고 있을지 짐작할 수 있으리라. 그러나 이런 천재적인 사업가 마윈은 놀랍게도 IT에 대해서는 완전히 문외한이다. 그의 말에 따르면 "인터넷에 대해 거의 모르고 이메일과 웹서핑을 제외하면 인터넷에 사진을 올릴 줄도, 노트북으로 DVD를 볼 줄도 모르는 그야말로 일자무식 컴맹"이라고 한다.

마윈은 자신이 컴퓨터와 인터넷의 기술적 측면에 대해서는 잘 모른다는 것을 인정하고 자신의 약점을 보완해줄 가장 우수한 인재를 영입했다. 그가 인재들을 잘 관리하고 이끌어가는 데에는 약점이 강점으로 작용했다. "나 스스로가 문외한이었기에 영입한 전문가들을 더욱 민주적으로 관리할 수 있었다. 그 분야에 대해 알지 못하니 인재들의 의견을 가만히 듣고 있을 수밖에 없었다."

모른다는 것이 늘 나쁜 것만은 아니다. 오히려 잘 아는 것이 때로는 커다란 제약이 될 수도 있다. 그는 자신이 가진 부족한 점보다는 강점인 리더십을 살려 알리바바를 전 세계에서 가장 돈을 잘 버는 기업으로 성장시킬 수 있었다.

마윈처럼 자신이 가진 약점이 오히려 다행이라며 강점으로 이끌어 성공한 사람이 또 있다. 이스라엘 최초의 여성 총리 골다 메이어다. 그녀의 자서전엔 이런 글이 쓰여 있다.

나에겐 못난 외모가 진정한 축복이었다. 못난 외모 덕분에 나는 내적인 힘을 키울 수 있었다. 예쁜 외모는 오히려 극복해야 할 장애이다. 외모로 남을 평가하는 사람은 머지않아 반드시 심각한 고통에 빠진다. 세월이 흐를수록 점점 쭈글쭈글해지는 피부, 둔해지는 팔다리, 어두워지는 눈과 귀, 자신이 비웃던 다른 사람의 모습처럼 바로 자신도 변해가는 것을 깨닫기 때문이다. 만일 스스로가 겉모습에 집착한다면 그건 내면이 비어 있기 때문이다. 하지만 영혼의 눈으로 바라보면 영혼을 지닌 모든 사람이 아름답다.

그녀는 못난 외모를 오히려 다행이라고 하며 "내가 못났기에 열심히 기도했고 공부했다"고 말했다. 그녀의 태도와는 달리 유감스럽게도 우리는 외모의 단점에 집착하는 경우가 너무나 많다. 그리고 많은 에너지를 그곳에 쏟아 붓는다. 내면의 아름다움과 성장보다는 겉으로 보이는 모습만을 위해 성형까지 해가며 바꾸려 한다. 한 번쯤은 진지하게 돌아봐야 할 문제가 아닐까.

알리바바의 마윈과 이스라엘의 골다 메이어, 두 사람에게는 한 가지 공통점이 있다. 바로 자신의 약점에 집중하기보다 자신이 가치 있다고 생각하는 강점에 집중함으로써 크게 성공했다는 사실이다.

누구에게나 약점은 있다. 물론 내게도 약점이 있다. 때로는 약점투성이인 나를 바라보며 '이렇게나 많은 허점과 단점으로 세상을 살아올 수 있었다니!'라며 감탄사를 연발하기도 한다. 그만큼 대견하기까지 하다.

얼마 전까지만 해도 내게 가장 큰 단점, 아니 약점으로만 여겨지던 것이 있었다. 바로 많은 이직과 직업 변동이었다. 아직까지 우리 사회에서는 직장을 자주 옮겼다는 사실이 좋게 받아들여지지 않는다. 그래서 주변의 부정적인 말들로 상처를 받기도 했다. 그러한 말들을 들을 때마다 '나는 실패한 삶을 살아온 것이 아닐까!'라며 자책감이 들기도 했다. 금세 자신감이 떨어지기도 했다. 하지만 그렇게 단점으로만 여겨졌던 이력들을 시선을 달리해 긍정적으로 바라봤더니 바로 '대박'을 주는 요소로 바뀌었다. 결국엔 그것들이 오늘의 나를 만드는 밑거름이 되어주었다. 약점으로만 생각했던 것들이 내 인생에 커다란 행운이 되어준 셈이다.

내 약점들을 모두 강점으로 발전시키지는 못했지만 그중 몇 가지는 지금 가지고 있는 가장 두드러진 강점의 일부가 됐다. 부족한 부분을 인정하고 보완하다 보면 그것이 어떠한 것이든 충분히 나의 강점이 될 수 있다. 약점이라고 생각됐던 수많은 이직 경험과 직업 변동을 나만이 누릴 수 있었던 유일한 특권으로 뒤집은 것처럼, 누구든 자신이 가진 약점을 얼마든지 강점으로 연결할 수 있다.

세계적인 기업 GE의 최고경영자를 지낸 잭 웰치는 어릴 때 심하게 말을 더듬었다고 한다. 그래서 또래 친구들에게 늘 놀림을 받았고 외톨이로 지냈다. 엄마는 그런 아들이 안타까웠다. 그래서 어느 날 아들에게 이런 말을 해주었다.

"잭, 너만이 가진 장점을 왜 부끄러워하니?"

아들은 고개를 갸웃했다.

"엄마 말을 잘 들어보렴. 네가 말을 할 때 더듬는 이유는 네 생각이 말보다 빠르기 때문이란다. 그만큼 넌 다른 아이들보다 생각하는 속도가 빨라. 그러니 말 더듬는다고 주눅 들 필요가 없어. 알았지? 넌 남들보다 생각이 더 앞선 아이야."

엄마의 그 말 한마디가 아들의 단점을 순식간에 장점으로 돌려놓는 계기가 됐다. 이후 아들은 매사에 자신감을 갖게 됐고, 마침내 최고 기업의 최고경영자가 됐다.

잘못된 것은 예외 없이 이면을 가지고 있다고 한다. 부족은 풍족의 이면이며, 질병은 건강의 이면이다. 즉, 두 가지 개념은 동시에 존재한다고 볼 수 있다. 잭 웰치의 사례처럼 자신의 약점을 어떤 시선으로 보느냐에 따라 얼마든지 강점으로 발전시킬 수 있다. 자신이 가진 약점에 초점을 맞출 것이 아니라 강점에 초점을 맞추다 보면 자연히 약점이 강점에 가려진다. 또한 오히려 부족하기 때문에 강점으로 바꾸기가 더 쉬울 수도 있다.

"자신의 훌륭한 면을 따르는 사람은 훌륭하다. 보잘것없는 면을 따르는 사람은 보잘것없다." 맹자의 말이다. 그러나 대부분의 사람은 잘하는 것보다 못하는 것에 집착한다. 자신의 강점을 파악해서 살려나가면 좋은데 약점에 매몰되어 서투른 일에 매달리기 십상이다. 그러다 보면 그나마 가지고 있던 자신감마저 사라져 버리고 만다.

삶이란 끊임없이 자신을 다듬어가는 과정이다. 그 과정을 제대로 해내기 위해서는 자신의 약점을 발견하고 그 사실을 인정할 수 있어야 한다. 약점이 있음을 인정한다면 얼마든지 보완해서 타고난 장점보다 훨씬 더 탁월한 강점으로 만들어낼 수 있다. 뛰어난 재능을 타고나지 않았다고 한탄하거나 걱정할 필요가 없다. 약점 역시 재능처럼 단련하면 강해지기 마련이다.

우리는 모든 면에서 완벽할 수 없다. 그것이 진리다. 그럼에도 자신의 모습에서 약점을 발견해내고 부정하며 자신 없어 한다. 만약 지금까지 당신이 그런 사람 중 한 명이었다고 한다면 내 약점이 곧 강점이 될 수 있다는 사실에 집중해보자! 분명 당신이 생각하는 약점은 당신을 가장 강하게 만들어주는 강점으로 변신할 수 있다.

강점을 발휘하며 사는 사람은 행복하다고 했다. 그러나 약점을 강점으로 발전시켜 사는 사람은 그것에 비교할 수 없을 만큼 더 행복해질 수 있다.

역경은
왜 존재할까

중국 전한 시대의 역사가이며 《사기》의 저자인 사마천은 중국 최고의 역사가로 칭송받는다. 우리나라 국사 교과서에도 등장하는 만큼 아마도 그의 이름을 모르는 사람은 없으리라. 하지만 사마천이 《사기》를 집필하게 된 동기와 그에 얽힌 험난했던 인생 체험에 대해서는 알려진 바가 많지 않다.

기원전 99년, 이릉이 군대를 이끌고 흉노와 싸우다가 수적 열세를 못 이기고 항복한 사건이 있었다. 조정 대신들은 한목소리로 이릉에게 벌을 내려야 한다고 말했으나 사마천 홀로 그를 변호하고 나섰다. 이에 무제의 노여움을 사게 됐고, 무제는 옥에 갇힌 사마

176

천에게 궁형이라는 형벌을 내렸다. 궁형이란 남근을 떼어버리는 형벌로 당시 선비들에게 죽음보다 더 치욕스럽고 가혹하다고 여겨졌다. 그 굴욕은 사형에 비할 바가 아니었다. 하지만 사마천은 역사서를 집필해야겠다는 일념으로 죽음 대신 궁형을 받아들였다. 삶을 위해 굴욕을 참은 사마천은 참혹했던 역사의 저술을 필생의 사업으로 삼았다. 그리고 마침내 130권에 달하는 방대한 저작 《사기》를 완성했다.

당시 사마천은 아마도 궁형을 당하느니 죽고 싶었을지도 모른다. 하지만 그에게는 자신의 목숨보다 중요한 일이 있었다. 아버지 사마담의 유언을 받들어 역사의 기록을 찾아내 밝히는 일이었다. 그에게는 반드시 살아남아야 할 이유가 있었던 것이다.

사마천이 죽음보다 더 힘든 고난을 이겨내고 살아야 할 이유가 있었듯 평범한 그 누구에게도 살아야 할 이유와 가치가 있다. 그럼에도 어떤 사람들은 힘든 일이 닥치면 살아야 할 이유보다 죽어야 할 이유를 먼저 찾는 어리석은 모습을 보이기도 한다.

돌이켜보건대 내게도 그런 어리석은 시절이 있었다. 직장에 다니며 어렵게 재수하여 대학입시를 치렀는데 낙방했을 때, 실업자 신세로 수백 번 이력서를 넣어도 어디 한 군데 오라는 곳 없이 거절만 당했을 때, 생계를 이어가야 하는 가장으로서 건강을 잃었을 때…. 이렇게 내게도 그동안 살아오면서 수없는 시련과 좌절의 날들이 있었다.

한때 나는 젖먹이 아이를 등에 업은 채 아픈 몸을 이끌고 생계를 꾸려가야 했다. 수천 장의 전단이 담긴 무거운 가방을 들고 전단을 돌리는 일을 할 때였다. 몸은 갈기갈기 찢어질 듯이 아팠고 돌봐야 할 아이는 너무 어렸다. 도저히 생계를 이어나가지 못할 것 같은 두려움과 공포에 휩싸여 있었다. 마치 살을 에는 날카로운 바람이 불고 있는 크고 높은 산을 오르는 기분이었다. 언제 끝이 날까? 어디로 가야 할까? 늘 한계였지만 끝도 보이지 않는 가파르고 높은 길이었다. 더는 올라갈 수도 내려갈 수도 없었고 그렇다고 걷기를 멈추면 몸이 얼어붙어 죽어버릴 것 같은, 이러지도 저러지도 못하는 상태….

당시 나는 그런 상태였다. 하지만 주저앉지 않았고 이를 악물고 이겨냈다. 당시 상황을 극복할 수 있었던 것은 그동안 단련된 '극복근육'이 있었기 때문이다. 운동을 많이 하면 근육이 붙고 강건해지는 것처럼 힘든 일을 겪을 때마다 맞서 싸워 이겨내면 점점 강해지게 되어 있다. 몸에 근육이 있는 것처럼 어려움과 좌절을 많이 이겨낸 사람들은 그들만의 극복근육으로 튼튼하게 단련된다. 웬만한 어려움이 닥치더라도 끄떡하지 않게 된다. 오늘날의 나를 만들어준 것이 바로 그 극복근육이다. 수많은 위기가 닥쳤지만, 그때마다 자포자기하고 싶은 마음을 추스르고 오뚝이처럼 다시 일어섰다. 쓰러지고 또 일어나기를 반복하다 보니 저항력이 생겼고,

극복근육도 더 탄탄해졌다.

    사람들은 살기 힘들다는 말을 흔하게 한다. 당신도 한 번쯤은 이런 말을 내뱉은 적이 있었을 것이다. 이런 말을 하는 당신도 혹여나 열심히 살아가야 할 이유보다는 자포자기하는 마음부터 갖고 있지는 않은가? 사람들은 어려움을 당하고 나면, 세상이 달리 보인다고들 한다. 고난은 우리를 위대하게 만든다. 당신도 얼마든지 이겨낼 수 있다. 살아남아 이길 수 있고 더욱 나은 삶을 만들어갈 수 있다.

    카네기멜론대학교의 랜디 포시 교수는 말기 암 진단을 받고 나서 역경에 대해 이렇게 말한 적이 있다. "역경이 존재하는 이유가 있습니다. 역경은 우리를 몰아내기 위해 존재하는 것이 아닙니다. 역경은 우리가 무언가를 얼마나 간절히 원하는지 깨달을 기회를 주기 위해 있는 것입니다. 그것을 충분히 간절히 원하지 않는 사람들에게 역경은 그만 하라고 말합니다. 역경은 그런 사람들을 단념하도록 하기 위해 존재합니다."

    역경이 거셀수록 극복근육은 더욱 단단해진다. 그리고 그 근육이 삶을 성공으로 이끌어가는 데 원동력이 되어준다. 나아가 우리가 왜 사는지 이유를 찾을 수 있게끔 해준다. 지금 자신이 얼마나 행복한 삶을 살고 있는지도 깨닫게 해준다.

    극복근육으로 유명한 사람이 있다. 달팽이 엑기스로 널리 알려진 천호식품의 김영식 사장이다. 그가 사업 초기 판로를 개척할 때의 일이다. 방송의 도움을 받으면 사업이 잘 풀리리라는 판단에 무조건 방송국으로 달려가 담당 PD를 찾았다. 방송에 내보내달라고 부탁했지만 순탄치 않았다. 자신뿐만 아니라 수많은 사람이 다양한 아이템을 들고 찾아오는 곳이기에 전파를 타는 일이 결코 쉬운 게 아니었다.

그는 일주일에 한 번씩 3개월 동안 방송국에 꾸준히 찾아갔다. "안녕하십니까! 달팽이 왔다 갑니다" 하고 인사를 하기도 하고 때론 달팽이 엑기스를 담당 PD들에게 선물하기도 했다. 일이 성사될 때까지 포기하지 않고 방송국을 계속 찾아갔다. 결국 그의 제품 달팽이 엑기스가 방송에 소개됐고 감당할 수 없을 만큼 주문이 밀려들어 대박을 쳤다. 포기를 모르는 김영식 사장의 끈기와 집요함이 만든 한 편의 드라마 같은 성공이었다.

사마천의 《사기》에는 이런 말이 나온다. "싸움이란 이기지 않으면 말도 안 된다. 무엇을 주저할 게 있으랴." 싸움이란 무릇 이기라고 있는 것이 아닐까? 무엇보다도 다른 누구와의 싸움이 아니라 나 자신과의 싸움에서 이겨야 한다. 자신과의 싸움에서 이긴다면 그 무엇과의 싸움에서도 이길 수 있다.

누구에게나 인생이란 단맛, 쓴맛, 매운맛까지 골고루 맛보며 살아가는 여정이다. 하지만 그러한 맛들을 '맛있는 맛'으로 만들어나가는 것은 오로지 자신에게 달려 있다. 지는 것은 곧 사라짐이요 이기는 것이 살아남는 것이다. 사라진 사람처럼 불운하게 살 것이 아니라 강하게 버텨 행복을 누리면서 살아가자. 한 번뿐인 인생 아닌가.

사마천이 고달픈 그의 인생 체험, 즉 자신을 포함한 인간 자체에 대한 절망감에서 벗어나 새로운 눈을 뜨고 사명을 완수했듯이 우리도 자신만이 가진 '끈기' 나아가 '오기'로 극복근육을 만들어보자. 눈앞에 놓인 어려움과 불행을 포기하지 않고 이겨낸다면 끝내는 인생의 행복과 성공을 맞이하게 될 것이다.

COMPANY
Street #: Street
City #: city.
phone #: 12312311-1231231
e-mail #: zzzz%aaa.xx

30년간의
명함 뭉치

다국적기업 비서, 호텔 청소원, 백화점 점원, 무역회사 해외 영업 담당, 은행원, 보험회사 설계사, 웨이츄리스, 방송 모니터 요원, 영업 마케터, 대출상담사, 텔레마케터, 학습지 교사, 경리, 벤처회사 구매부, 의류회사 머천다이저…. 그 외에 이름을 거론하지 않은 직업까지 합치면 대략 마흔 가지가 넘는 직업을 거쳐왔다.

'이직을 참 많이도 했구나!'라고 생각은 했었지만 이렇게 많을 줄은 몰랐다. 일일이 세어본 적도 없었다. 과거에 내가 무슨 일을 했었는지 살면서 돌아볼 여유조차 없이 앞만 보고 달려왔다. 여러 직업을 거쳤다는 것이 어찌 생각하면 창피한 일일 수도 있다. 그래서 감히 경험을 책으로 낸다는 것을 상상조차 하지 못했었다.

하지만 시대는 급속도로 변했다. 내가 직업전선에 나온 지도 어느덧 30년이 흘렀다. 처음 직장생활을 했던 1985년부터 1990년대, 2000년대를 지나 지금은 2010년대 중반을 달려가고 있다. 한 가지 직업으로 100세 시대를 살기에는 변화가 너무도 빠른 시대가 된 것이다. 또한 한 직장에서 정년까지 버티는 건 현실에서는 어려운 일이 됐다.

부서가 통합되고 결국 내 책상이 없어지던 날이었다. 집에 돌아와 착잡한 마음에 책상을 정리했다. 서랍 깊숙한 곳에 명함집이 하나 있었고 거쳐온 많은 직업의 명함이 이곳에서 발견됐다. 여기저기 꽂혀 있던 것들을 모아보니 30장 가까이 됐다. 일부는 없어졌고 어떤 직업들은 단기간 일자리라 아예 명함이 없기도 했다. 그것들까지 고려하면 내 직업은 마흔 가지를 훌쩍 넘었다.

경영학자 피터 드러커 교수는 "1년짜리 경험을 열 번 반복해봐야 소용없는 일"이라고 말했다. 그가 말한 것처럼 내 경험은 이것도 저것도 아닌 것처럼 한순간 쓰고 버려지는 소모품처럼 느껴졌다. 5년 넘게 한 일도 있지만 대부분 2년이나 1년, 짧게는 1개월을 하고 끝낸 일도 있었다. "10년 반복해봐야 행정가는 될 수 있을지 모르겠지만 전문가가 되기는 어려울 것이다"라고 했던 드러커 교수의 말이 맞았다. 나는 어느 한 곳에서도 전문가가 아니었던 것이다. 30년을 쉬지 않고 직장생활을 했건만 나만의 특별한 기술도 갖추지 못했다. 지나온 명함들이 마치 내 실패의 부유물처럼 책상 위를 어지럽게 떠다녔다.

또다시 책상을 뺏기게 된 마당에 이런 것들이 다 무슨 소용이란 말인가. 모두 쓰레기통에 버리려 했다. 그러다가 명함들 속에서 30년 전 내 첫 직장의 명함을 발견했다. 퇴색되지 않고 예전 그대로의 모습으로 빛을 띤 채 그 안에 가만히 끼어 있었다. 섬광처럼 뭔가 내 머릿속을 스쳐 지나갔다. 바로 첫 직장에 들어가던 때 내가 했던 다짐이다. 나는 당시 면접관에게 망설임 없이 그리고 자신감 있게 말했었다. "이 회사에 뼈를 묻겠습니다!" 맹세하듯 한 말이었다. 이윽고 나는 내가 왜 그동안 이렇게 많은 직업을 전전하며 다닐 수밖에 없었나를 곰곰이 생각하기 시작했다.

당시에는 첫 직장이 평생직장이 되는 줄로만 알았다. 그래서 그다음 직장 면접 때도 계속 그렇게 자신 있게 말했다. 직장을 옮길 때마다 이전 직장의 명함을 차마 버리지 못했다. 하나씩 보관할 때의 마음은 바로 첫 면접 때의 그 마음이었을 것이다. 다음 직장에서는 반드시 끝까지 가야지, 뼈를 묻어야지…. 그렇게 다짐한 만큼 늘 최선을 다해 일했었다.

첫 직장은 대학을 가야겠다며 내 의지로 뛰쳐나왔지만, 이후의 직장들은 내 의지와는 상관없이 외부 상황에 의해 밀려날 수밖에 없었다. 갑자기 중국 시장이 개방되면서 회사의 주력상품이 사양

산업이 됐고 잘나가던 회사가 갑작스럽게 문을 닫은 적도 있다. IMF 이후론 부도가 나서 공중분해된 경우도 많았다. 한때 일었던 벤처 붐으로 생겨난 회사가 순식간에 사라져 하루아침에 직장을 잃기도 했다. 비정규직이란 제도가 생긴 이후부터는 더 자주 옮겨 다녔다. 선택이라고 할 수도 없었다. 모두 외부 상황에 의한 것들이었다. 안정된 직업, 안정된 직장을 원했지만 현실은 나를 한자리에 오래 머물도록 내버려두질 않았다.

그렇게 과거를 되돌아보다가, 어쩌면 내가 콤플렉스로 여겼던 수많은 이직 경험이 다른 사람들에게 도움이 될지도 모르겠다는 생각이 스쳤다. 내가 거쳤던 직업에서 전문가는 될 수 없었지만 내가 경험했던 모든 직업을 모아 담으면 '직업 경험 전문가'는 될 수 있을 것이란 확신이 생기는 순간이었다. 쓰레기통으로 들어가려던 명함들을 다시 주워담았다. 그때 이 명함들이 내 가치를 뒷받침해주는 증거들이 되리라. 직업 경험 전문가, 그것이 나의 유일한 전문 분야가 될 수 있다. 한순간에 부정의 '실패작'들이 긍정의 '걸작'들로 바뀌었다.

그 후론 직업에 대한 공부를 집중적으로 했다. 전문적인 서적들도 많이 봤다. 내 경험을 필요로 하는 사람들에게 도움이 될 방법이 없을까 하며 가능성을 찾았다. 내 직업의 발자취 중에 내가 가장 성과를 많이 냈고 자신 있게 한 일이 무엇이었을까? 일을 하면서 가장 행복했고 보람을 느꼈던 일은? 여러 각도에서 과거 경험을 되짚었다.

꼭 성공한 것만이 인생에서 소중한 것은 아니다. 나쁜 일도 실패했던 일들도 지금의 나를 만든 귀중한 재산이다. 그걸 빼놓고서는 지금의 내가 있을 수 없다. 사람이 어찌 승승장구만 할 수 있단 말인가. 지금은 새로운 전문가가 되기 위해 역전극의 시나리오를 쓰고 있고, 나를 주인공으로 세우는 무대를 준비하고 있다.

나는 하루하루 나아가고 있다. 대부분 사람이 성공하지 못하는 이유는 과거에 성공했던 경험이 별로 없기 때문이라고 말한다. 나도 나를 되돌아봤다. 그간 성공했던 적이 한 번이라도 있었던가? 전혀 없는 줄 알았다. 그동안 실패를 너무 많이 경험했기 때문에 나에게 성공은 없을 것이란 생각에 젖어 살았다. 아무에게도 도움이 못 되는 쓸모없는 사람이고 무엇을 하든 항상 실패할 운명이라고 느꼈다. 그러나 스스로 실패작이라고 여겼던 경험들 속에서 성공작들도 적지 않았음을 발견했다. 무슨 일을 하더라도 더 나을 것이 없다는 부정적인 생각들에 가려져 정작 성공작들을 눈앞에 보고도 보지 못했던 것이다.

모든 사람은 성공을 이루기 위해 살도록 만들어졌으며, 성공할 수 있는 능력도 주어졌고, 승자가 될 위대한 자질을 갖고 태어났다고 한다. 성공적인 삶을 살기 위해선 내 안에 있는 무언가를 찾아내고 이끌어내야 한다. 결국 풍요롭게 해줄 대상을 찾을 것이 아니라 자신을 풍요롭게 만들어야 한다는 뜻이다. 그것만이 자신의 능력을 키우는 최고의 방법이요, 인생을 풍요롭게 살아가는 방법이다. 내 경력들에서 가치를 찾아내고 만들어내는 것은 내 몫이며, 얼마든지 찾을 수 있다.

자신의 경험들을 쓰레기통으로 보낼 것인지 보석함에 담을 것인지는 전적으로 자신에게 달려 있다. 2015년 현재, 지금은 예전과 달라 직장을 메뚜기처럼 옮겨다니는 것에 '인내력이 없다'는 시선으로 보지 않는다. 사회적으로 이직에 대해 너그러워졌고 호의적인 분위기가 형성됐다. 변화가 빠른 지금의 시대가 어떤 것도 한자리에 머물도록 내버려두질 않기 때문이다.

지나온 회사나 직장 경험들이 서로 연결되지 않는다고 해서 주눅 들 필요는 없다. 큰 관점에서 보면 일에 대한 안목이 생긴 것이고 사람들을 상대하면서 지혜를 얻었노라 자신해도 된다. 지금까지 해왔던 일과 생각해온 것들이 나만의 경험으로 고스란히 남아 있지 않은가. 경력들이 지워지는 것은 아니다. 열심히 살아온 경험은 무대가 바뀌더라도 당신을 지탱해주며 살아가는 데 힘을 보태줄 것이다. 남들이 인정하지 않는다 해도 자신이 먼저 나서서 내 일을 인정해주고 빛을 발휘하게끔 내보이면 된다. 그러기 위해서는 나만의 보석 같은 명함을 만들 필요가 있다.

누구나 처음부터 전문가나 최고라는 명함은 가질 수 없다. '나는 이런 사람입니다'라는 자신만의 명함을 가지기 위해서는 자신의 인생에 무엇인가를 부단히 집어넣어야 한다. 위대한 사람은 태어나는 것이 아니라 만들어지는 것이라고 했다. 내가 할 수 있는 것과 내가 도움이 될 수 있는 곳을 찾아보고 내 명함에 어떤 의미를 부여할지 생각해보자. 어떤 일이든 해보지 않으면 알 수 없다. 해보면서 자신에게 적합한 일과 그렇지 못한 일을 가려내면 된다. 그리고 적합하다 생각되면 목표를 정하고, 그 일에 최선을 다하면 된다. 멀리서 찾지 말고 지금 있는 자리에서, 또는 가까운 곳에서 가장 잘할 수 있는 것을 찾아보자. 작은 일이라도 상관없다. 작은 일을 시도하고 최선을 다하다 보면 어느 순간 실마리가 잡히기 시작한다. 결국 내 안에 무엇인가를 찾아내고 이끌어낼 수 있게 된다.

앙드레 지드는 이렇게 강조했다. "내게 진리가 되는 신념이란 내 능력을 최대로 활용하고, 그것을 행동으로 옮겨 최고의 의미를 얻는 것이다."

이제 우리가 가진 명함에서 중요한 것은 회사 이름이 아니다. 내 능력이 무엇인지를 보여주는 것이다. 나만이 가지고 있는 내 가치를 메모해보자, 최고의 의미를 새겨넣어 보자!

COMPANY
Street #: Street
City #: city.
phone #: 12312311-1331231
e-mail #: xxxx@aaa.xx

양다리로
살아남아라

3년 전 가까운 지인 중 연구소 형태의 IT기업을 설립한 분이 있다. 회사를 설립하기 전 그는 대기업 전자부서에서 탁월한 성과를 인정받으며 승승장구하던 부장이었다. 하지만 그의 나이는 50세, 창의적 아이디어로 무장한 후배들이 치고 올라오는 것에 위기감을 느낄 수밖에 없었다. 퇴직까지 아직 몇 년이 남아 있긴 했지만, 언제 명예퇴직자 명단에 오르게 될지 모르는 처지였다. 그는 머지않아 책상을 비워주어야 한다는 사실을 직감했다. 하지만 한 집안의 가장으로 생계를 책임져야 하는 처지이니 섣불리 직장을 그만둘 수는 없었다. 또, 아무런 지식이나 경험 없이 프랜차이즈가 쉽다는 이유로 창업했다가 빚더미에 올라앉은 선배들의 모습을 근래 자주 보아온 터였다. 그런 그들을 보며 고만고만한 아이템을 가져선 살아남을 수 없다는 것을 깨닫게 됐다. 그래서 자신만의 기술을 개발하고 연구해야겠다고 결심했다.

평범한 직장인이 직장에 다니면서 창업을 준비하기는 쉽지 않다. 늦은 퇴근 시간과 체력 부족도 그 이유 중 하나일 것이다. 하지만 그는 주어진 시간이 많지 않다는 것을 알았기에 출근 전 새벽시간을 활용했다. 거기다 주말 이틀의 시간을 오롯이 창업 준비를 하는 데 투자했다. 결국, 시작하고 3년 만에 자신만의 기술을 개발하는 데 성공했다. 그리고 어느 정도 매출을 올릴 수 있을 것이라는 검증작업을 거친 후에야 다니던 대기업을 박차고 나왔다.

그는 자신이 개발한 기술로 정부지원사업에 지원해 창업자금도 지원받았다. 1인 창업으로 시작해서 3년이 지난 지금 직원이 열 명을 넘어섰다. 거기다 100억 원의 매출 달성을 목전에 둔 중견기업으로 성장했다.

사람들은 흔히 퇴직을 준비하거나 창업을 하기 위해 준비할 겨를이 없다고 말한다. 그렇지만 이처럼 자신의 노력과 절박감이 있다면 할 수 있다. 3년의 준비기간 동안 그가 노력하는 과정을 보지 못한 사람들은 그가 이미 가지고 있던 기술이 있었을 것이라고 말한다. 또 시대에 맞아떨어지는 아이템을 잘 선택했다며 행운이 따랐다고 하는 사람들도 있다. 하지만 그는 남들이 쉴 때 쉬지 않았고, 새벽에 누구보다 일찍 일어나 새로운 아이템을 준비했다.

이 사례만 보더라도 직장에 다니면서 자신만의 일을 꿈꾸고 키워나가는 일이 얼마든지 가능하다는 걸 알 수 있다. 노력과 절박감이 있다면 누구나 할 수 있다. 대부분 사람이 쉽사리 밥줄을 놓을 수는 없기에 신중하게 움직일 수밖에 없다. 혹시라도 잘못될 경우를 생각해 경제적 대책을 세워놓지 않으면 스스로 가지는 압박감 때문에 위축될 수밖에 없다. 그렇게 하다 보면 고비를 넘기지 못하고 쉽게 포기하고 만다. 또, 창업을 해서 어느 정도 궤도에 오르기까지는 시간이 걸릴 수밖에 없다. 그동안 시간과 경제적 뒷받침이 되어주어야 한다. 그러니 이처럼 양다리를 걸치고 있다가 자리가 잡힐 무렵 박치고 나와 자신의 분야를 집중적으로 파고드는 것도 현명한 방법이다.

하지만 대부분은 어떤가. 직장에 다니면서 자신만의 '무기'를 준비하기는 어렵다고 너무나 쉽게 단정짓는다. 동시에 두 가지 일을 할 수는 없다고 말하면서 시도해보지도 않는다. 그러다가 자기 사업을 하겠다고 대책 없이 뛰쳐나오기도 한다.

'회사가 전쟁터라면 밖은 지옥이다'라고 사람들은 말한다. 그나마 직장은 먹고살면서 전쟁을 치르지만 밖은 오늘 굶게 될지 내일 굶게 될지 모르는, 한 치 앞도 보이지 않는 지옥과도 같다는 얘기다. 나도 그런 경험을 여러 번 했다.

아무런 준비 없이 회사를 뛰쳐나오면 절박감에 뭔가 될 것이라 생각하지만, 그것은 순전히 착각일 뿐이다. 지금은 쏟아져 나오는 퇴직자들로 인해 자영업뿐만 아니라 재취업시장에서도 발붙일 곳이 없다. 나 역시 재취업을 위해 백방으로 노력했지만 대기업은 아예 문턱 근처에도 가볼 수 없었다. 중소기업에 얼굴을 내밀었지만 생계에 필요한 만큼 월급을 주는 곳은 찾기 어려웠다. 겨우 죽지는 않을 만큼, 생존을 위한 생존 월급을 주는 곳이 대부분이었다. 주말에도 아르바이트를 해야만 할 정도로 최저임금을 주는 곳에 취업할 수밖에 없었던 이유가 바로 이 때문이다. 지금의 우리 구직시장은 이처럼 어렵다.

《1인 기업이 갑이다》의 저자이며 1인 창조기업 코치인 윤석일 대표는 이렇게 조언한다. "1인 기업을 꿈꾸는 사람들은 업무지식으로, 즉 아는 분야로 창업해야 성공할 확률이 높다. 전문가들도 짧게는 3년, 길게는 10년 이상 해당 분야에서 경험과 노하우를 쌓은 뒤 창업해야 한다." 재취업이 아닌 1인 창업을 위해서는 시간을 두고 이처럼 철저히 준비해서 나와야 한다.

한 번에 두 가지 일을 한다는 게 물론 쉬운 일이 아니다. 두 가지 일을 하다가 둘 다 놓치는 것은 아닐까라는 의심을 가질 수밖에 없다. 하지만 자신만의 일을 찾기 위해 노력할 준비가 되어 있다면 가능하다고 생각한다. 현재 하는 일에 최선을 다하면서 자기관리와 시간관리를 하며 몰입한다면 얼마든지 할 수 있다고 나는 자신한다. 이렇게 하기 위해서는 육체적, 정신적 저력이 중요함은 물론이다.

내 경험도 들려줬다시피 우리는 언제 어떻게 직장에서 등 떠밀려 나오게 될지, 다니던 직장이 언제 사라질지 모르는 불안정한 시대에 살고 있다. 그런 일이 닥치기 전에 '나만의 무기'를 준비하고 있어야 한다. '올 것이 왔다'는 걸 알아차린 다음에 준비한다면 그때는 이미 늦다. 나는 누구보다도 먼저 재취업시장에서 수많은 고난과 시행착오를 직접 겪으며 살아남아야 했다. 호락호락하지 않은 우리나라의 구직시장에서 살아남기 위해 고군분투했다. 기억하고 있어야 한다. 코앞에 닥쳐서 준비하겠다고 안일하게 생각하기엔 밖은 인정사정 봐주지 않는 지옥이라는 것을….

달팽이가
느리다고?

얼마 전 블로그에 올린 직업에 관련된 내 글을 보고 어떤 여성이 질문을 해온 적이 있다. 직업과 관련된 자격증을 취득하고 싶어 공부를 시작하긴 했는데 자신이 너무 늦은 나이에 시작한 건 아닌가 하는 것이었다. 나이가 몇 살이기에 그러느냐고 물어봤더니 스물아홉 살이라고 했다.

인생 시간이라는 것이 있다. 자신의 나이를 3으로 나누면 결괏값이 나오는데, 인생에서 현재 어느 시점에 있나를 시간으로 나타내는 것이다. 그녀의 나이 29를 3으로 나누면 9.6이다. 인생 시간을 따져보면 오전 10시가 채 안 된 것이다. 이렇게 본다면 무언가를 시작하기에 오히려 빠를 수도 있는 시간이다. 그럼에도 그녀는 자신이 하고 싶은지 어떤지를 떠나서 사회에서 정해놓은 시기적 알람으로부터 자유롭지 못했다.

나는 자신감이 없고 불안해하는 그녀에게 인생 시간이라는 것에 대해 설명해주었다. 덧붙여 나 역시 그녀가 하려고 하는 공부를 지금 시작했다고 말해주었다. 중요한 것은 주변의 시선이나 평가가 아니라 자신이 진정으로 하고 싶어 하는 일인가 하는 점이다. 나는 그녀에게 자신만의 속도와 시기를 스스로에게 물어보라고 답변해주었다.

그녀의 사례처럼 우리는 주변 사람들로부터 '지금 시작하면 늦지 않을까'라는 말을 흔히 듣는다. 자기 자신에게도 그러한 질문을 수없이 던져봤을 것이다. 공부가 됐든 새로운 일에 대한 도전이 됐든 무언가를 시작하기 전에 한 번쯤 확인하듯이 그렇게 자문하곤 한다. 그런 때는 혹시나 새로운 도전에 대한 두려움과 자신 없음을 나이라는 핑계를 대면서 피하고 있는 건 아닌지 돌아볼 필요가 있다.

대부분의 사람이 어떤 일을 시도하고자 할 때 가장 먼저 만나게 되는 걸림돌은 '잘해낼 수 있을까' 하는 두려움일 것이다. '지금 시작하면 늦는 게 아닐까'라는 고민은 두려움을 가리는 가장 좋은 핑곗거리가 되어준다. 나이 가지고 고민만 하다가 결국 '지금 시

작하는 것은 너무 늦어, 너무 늦은 나이야'라며 쉽게 접어버리고
마는 경우를 많이 봤다. 더더욱 예상밖인 것은 그 질문을 하는 대
부분의 사람이 50~60대가 아니라 20~30대라는 사실이다. '공부
를 시작하기에 늦은 것은 아닐까?' 하고 질문하는 이들은 대부분
20대 중반을 겨우 넘고 있었다. 새로운 일을 시도하려는 시점에
나이 걱정을 하는 이들 역시 서른이 채 안 됐거나 서른을 갓 넘은
이들이었다. 그들이 나름대로 생각하고 판단하는 기준이 있긴 하
겠지만, 너무도 많은 이들이 나이라는 한계에 갇혀 그 이유 하나
로 꿈을 포기하는 것을 보면 참으로 안타깝다.

아마도 이렇게 무언가를 시작하기 전에 나이 타령을 하는 것은
우리 사회가 유독 나이에 대해 엄격한 잣대를 들이대는 탓도 있을
것이다. 또 모든 것이 속도전을 치르듯 '빨리빨리' 이뤄져야 한다
는 사회적 분위기에 길들었기 때문이기도 하다. 이런 사람들은 모
든 것이 빨리 이루어져야 한다는 강박에 시달린다. 공부도 빨리 끝
내야 하고, 취업도 빨리 해야 하고, 결혼도 빨리 해야 한다. 속도전
이 일상화된 환경 탓에 자신이 그 속도에 부합하지 않으면 마치 뒤
처진 사람 또는 평범하지 않은 사람으로 느끼는 것이다.

내게도 이러한 사회적 잣대에 걸려 힘들었던 때가 있다. 스물일
곱 살이나 된 나이에 시집이나 가지 무슨 유학이냐며 반대하시던
부모님과 주변 사람들…. 그러나 나는 숱한 만류와 반대를 뿌리치

고 무작정 떠났다.

당시 결혼 적령기를 넘겼다는 이유로 '제정신이냐!'라는 말도 많이 들었다. '성격 이상하다', '독한 사람이다'라는 곱지 않은 말도 들어야 했다. 하지만 한국을 벗어나 타국에 도착했을 때 함께 공부하던 학생들을 보자마자 나이라는 틀은 힘없이 깨져나갔다. 나보다 나이가 훨씬 많은 유학생도 있었던 것이다.

세계 여러 나라의 인종들 속에서 나이라는 벽은 허물어지고 없었다. 그들 중 누구도 나이 탓을 하는 사람은 없었다. 단지 한국에서 건너온 몇몇 학생만이 나이에 연연하며 조급해했을 뿐이다. 학업을 다 끝마치고 성공리에 돌아온 유학은 아니었다. 하지만 모든 사람이 늦었다고 했던 그때, 내가 내 생각을 고수한 일은 평생 내 삶의 지표가 될 만큼 진주처럼 값진 경험이 되어주었다.

늦깎이란 이름표를 달고 야간대학에 들어갔을 때도 같은 학번에 마흔이 넘은 학생들이 있는 걸 보며 또 한 번 놀랐다. 그뿐만이 아니었다. 새로운 분야에서 일을 시작하고 배우기 위해 갔던 현장에는 흔히 '그 나이에?'라고 할 만한 사람들이 어김없이 자리 잡고 있었다. 우리는 어쩌면 새로운 일에 도전하기에 앞서 두려움과 용기 없음을 나이를 이유로 내세워 합리화하고 있는 것은 아닐까. 스스로를 되돌아봐야 한다.

아트스피치 김미경 원장의 사례도 참고할 만하다. 그녀는 강사라는 직업을 갖기 전 남들이 모두 말렸음에도 자신이 원하는 대로, 하고 싶은 대로 해서 성공했다. 피아노학원이 대성공을 거두었을 때 난데없이 팔겠다고 하자 주변에서 다들 말렸다고 한다.

"고생고생해서 이제 손 안 대고 코 풀게 생겼는데 그만둔다고? 미쳤니? 남들은 이런 학원 못 해서 난리인데."

"지금 네 나이가 몇인데 공부를 다시 해? 그것도 전혀 안 해본 일을 하겠다고 말이야. 직장에 계속 다닌 사람들은 그 나이면 벌써 팀장인데 이제 와서 새로운 일에 뛰어든다고? 고생하려고 작정을 했군."

하지만 그녀는 주변 사람들의 말을 듣지 않았다. 다른 사람들과 비교할 생각도 없었고, 다른 사람들의 생각에는 관심이 없었다. 그녀는 자신이 원하는 대로, 옳다고 믿는 대로 밀고 나갔다. 그리고 그 결과 오히려 더 큰 행복을 끌어안을 수 있었다.

이렇듯 다른 사람이 보는 나의 시기와 속도는 나의 것이 아니고 나의 기준도 아니다. 그것은 나만이 알 수 있는 것이다. 나이라는 것에 상관하지 않고 자신이 하고 싶은 일을 자신의 속도에 맞춰서 해나가면 된다. 주변 사람들이 얘기하는 것은 단지 그들의 기준일 뿐이다. 나에게는 나의 기준이 있다. 그 사람들이 나를 알면 얼마나 알겠는가. 그들이 내 꿈을, 내 삶을 대신해주진 않는다. 나이라는 것에 상관하지 않고 하고 싶은 일에 도전해서 꿈을 이루고 성공하는 이들이 무수히 많다는 것을 우리는 잘 알고 있다.

| 천 번의 이력서 |

김미경 원장만이 아니다. 여러 경력을 수없이 전전한 후에 늦은 나이에 세계적인 성공을 거둔 사람들은 뜻밖에 많다.

맥도널드 햄버거를 세계 최대의 프랜차이즈로 도약시켜 무에서 유를 창조했다고 평가받는 레이 크록은 쉰두 살에 사업을 시작했다. 그가 "리더의 자질은 스스로를 위해 세운 기준 안에서 행동하는 것이다"라고 강조했듯, 자신의 삶의 기준은 자신에게서 나온다. 늦은 나이임에도 그에게는 자신만의 기준이 있었기에 끝내는 성공을 거두었다.

세계적인 화장품회사인 메리케이사의 창업자이자 전 회장 메리 케이 애시가 회사를 설립했을 당시 그녀의 나이는 마흔여덟이었다. 그때 그녀가 가진 돈도 5,000달러에 불과했다. 하지만 그녀는 나이와 돈에 연연하지 않았고, 독특한 리더십을 발휘해 채 20년도 되지 않아 메리케이사를 미국 최대의 화장품회사로 키워냈다.

만약 자신이 늦게 시작했다고 생각된다면 속도를 따라잡으면 되는데, 그 방법은 뜻밖에도 간단하다. 남들보다 시간을 두 배로 늘리면 된다. 늦게 시작했다고 불안해할 것이 아니라 시간을 더욱 알뜰하게 쓰면 되는 것이다. 자신이 원하는 것을 스스로 선택하듯 속도와 시기 역시 스스로 선택해나가면 된다.

지금 이 순간에도 기회는 계속 생겨나고 있다. 나이에 집착하지 않는다면 그 기회를 보는 눈도 트일 것이다. 인생에 '한 방'이란 없다. 끊임없이 배우며 도전하는 과정이 쌓일 때에야 어느 순간 성공이 내 것이 된다. 그것이 조금 빨리 올 수도 있고 늦게 찾아올 수도 있다.

사람은 꿈꾸기를 멈추는 순간 늙는다고 하지 않던가. 꿈을 성취하는 데 늦은 시기란 없다. 늦었다고 주저하다 보면 더 늦어지기만 할 뿐이고, 결국 허송세월을 보내게 될 뿐이다. 사람마다 겪고 있는 현실과 상황은 다를 수밖에 없기에 시작하는 시기와 진행하는 속도 역시 다 같을 수는 없다.

바로 지금이 당신의 인생에서 가장 젊은 때다. 세상의 흐름이 점점 빨라진다고 해서 내 걸음이 달팽이인데 뛰어갈 수는 없다. 하지만 자신의 속도에 맞춰 갈 수는 있다. 그 속도라는 것은 결과적으로 자신만이 평가할 수 있다. 삶은 끝까지 살아봐야 알기 때문이다. '끝이 좋으면 모든 게 좋다'는 속담처럼 뛰어가든 걸어가든 자신이 지금 살아가는 현실에 맞춰 스스로 만족하며 끝까지 가는 것이 중요하다. 결국 속도는 자신에게 달려 있는 것이다.

세상에 안 되는 사람과 해내지 못할 사람이 정해져 있는 건 아니다. 또한 늦어서 안 되는 사람, 늦어서 해내지 못할 일이라고 정해져 있는 것도 없다. 인생은 천천히 이뤄지는 기적이라고 하지 않던가.

'달팽이는 느려도 너무 느리다'고 하는 건 단지 사람들의 생각일

| 천 번의 이력서 |

뿐이다. 달팽이는 자신의 속도대로 가고 있을 뿐이다. 자신만의 속도로 정진하고 있으니 결코 느리지 않다.

COMPANY
Street #: Street
City #: city.
phone #: 12312311-1231231
e-mail #: xxxx3333.xx

변할 수 있고,
변해야 한다

"아무래도 어렵겠는데…."

"그럼, 여기 있는 스무 명이 다 그만둬야 하는 건가요? 갑자기 이렇게 통보하시면…. 요즘 같은 불경기에 저희 보고 어딜 가라는 건가요?"

"나로서도 어쩔 수 없는 일이지. 본점에서 하라는 대로 할 수밖에…."

부서장과의 면담은 더 해봐야 소용없는 일이었다. 부서장 자신조차도 통합되는 부서에서 자기 책상을 빼야 할지도 모르는 상황이었다. 회사로서도 대책 없는 감원 외에 다른 방법은 없다는 말뿐

202

이었다. 그도 그럴 것이 몇 년간 수익이 없는 사업 부서를 마냥 살려둘 수는 없는 노릇이었다. 필요 없는 부서는 빨리 없애버리고 수익이 날 수 있는 새로운 부서를 만들어야 치열한 경쟁 속에서 살아남을 수 있다. 회사 입장에서는 계약직도 아닌 몇 명의 도급 직원을 내보내는 일은 그리 어려운 일이 아닐 것이다. 회사가 개인들의 형편을 봐줄 리 만무하다는 것을 나는 오랜 사회 경험을 통해 잘 알고 있다.

나는 지난 1년 동안 이 부서에서 살아남으려고 할 수 있는 일은 다 해봤다. 그야말로 필사적이었다. 조금이라도 오래 살아남기 위해 계약직 전환을 시도해봤다. 혹여나 될 수 있을까 학수고대했다. 실적을 많이 내려고 늦게까지 남아 목이 터지라 전화영업을 했다. 새벽같이 출근해 남들보다 더 열심히 일했다. 살아남기 위해서였다. 그래서 다른 동료들한테 질시도 많이 받았고, 팀장에게 억울한 일도 당했지만 버티기 위해 스스로 비굴해져야 했다. 하지만 결과적으로 아무리 노력한들 될 일이 아니었다. 아니, 혼자서 해결할 수 있는 일이 아니었던 것이다. 왜 내게는 항상 이런 일이 일어나는 걸까.

바로 이 직장을 오기 전에도 이미 세 군데 직장을 한 달이 멀다고 옮겨다녔다. 실적 부진으로 월급이 제대로 나오지 않은 적도 있었다. 기본급 없이 실적으로만 실적급을 받는 개인사업자 신분이라 실적이 '빵'인 달에는 급여가 없었다. 그런 일이 한두 달 연속되기라도 하면 생계에 직격탄을 맞을 수밖에 없다. 먹고살기 위해선 실적이 빨리 나오는 곳으로 옮겨야만 한다. 생계를 위해서는 선택의 여지가 없다.

마지막으로 걸었던 희망, 계약직으로라도 갈 수 있을까 하는 마지막 희망을 걸고 면접을 봤던 곳도 퇴짜를 맞고야 말았다. 아무도 지원하지 않는다는, 아무도 거들떠보지 않는다는 강원도 외진 지역의 금융영업직이었다. 그곳은 하루에 400킬로미터 정도를 돌아다녀야 하는 시쳇말로 '빡센' 일이었다. 그러고도 실적이 잘 나오지 않는 지역으로 정평이 나 있어서 지원자가 전혀 없다고 했다. 그런 소문이 자자해서인지 지난번 모집 때도 서류지원자가 단 한 명도 없었다고 들었다. 그러나 생계를 위해선 이런 곳이라도 지원해야 했다.

지원자는 나, 오직 한 명뿐이었다. 당연한 결과이지만 서류심사 결과는 합격이었다. 서류심사가 통과되면 그다음 순서는 면접, 경쟁자는 없었다. 비장한 각오로 면접을 봤다. 험악한 산을 넘어야 하고 장거리를 왕복해야 하는 고난의 행군이 이어질 터였다. 하지만 그런 영업이라 할지라도 합격만 된다면야 어린 아들과 함께 강원도로 갈 마음의 준비도 단단히 하고 있었다. 생계를 위해선 무슨 일이든 각오해야 하는 절박한 처지였다. 하지만 어떤 이유였는지 모르겠지만 면접에서 떨어졌다. 처참한 결과 앞에서 나는 한동안

의기소침해졌다.

부서장과의 면담이 끝난 후 '내가 이렇게 노력했는데도 안 되는구나, 신은 내 편이 아닌가 보다!'라고 하늘을 보며 원망했다.

아직도 내가 겪어야 할 시련이 남아 있는 건가. 아무리 긍정적이고 강한 사람이라도 여러 번 실패와 좌절을 맛보면 약해질 수밖에 없다. 계속되는 실패와 좌절에 자신감이 조금씩 증발해버려 나중에는 흔적도 없이 사라지고 말았다. 메말라서 바닥을 드러낸 강처럼 쩍쩍 소리를 내며 마음까지 갈라졌다.

살면서 죽을 고비를 이미 세 차례나 넘겼다. 평범한 사람들은 한 번 경험하기도 어렵다는 고비를 나는 세 번이나 경험한 것이다. 노력해도 이겨낼 수 없고 피해 갈 수 없는 일을 여러 번 겪으니 '나는 나쁜 운명을 타고났구나'라는 부정적인 생각이 언제나 따라다녔다. 내 힘으로는 이 운명을 벗어나지 못한단 말인가? 아무리 고심해도 벗어날 방법이 떠오르지 않았다. 고민하고 또 고민했고, 괴로워하고 또 괴로워했다. 그때 불현듯 떠오르는 말이 있었다.

"이름을 바꿔라."

얼마 전 친구와 함께 등산을 갔다 오던 중 길목에 있던 철학관에 우연히 들렀다.

"이름을 바꾸지 않으면 또 목숨이 위태로울 수도 있다."

철학관에서 들은 말이었다. 소름이 돋았다. 이름을 바꾸지 않으면 죽을 고비를 또 맞을 수 있다니···. 믿을 수 없었다. 분명 잘못된 점괘일 거라고 의심하면서도 불안해졌다. 내겐 먹여 살려야 하는 어린 아들이 있는데···. 나는 반드시 살아야만 한다, 반드시!

그 이야기를 들은 후 나는 이름을 바꿔야 하는 이유를 찾았다. 바꾸지 않으면 죽을지도 모른다는 그런 두려움 이전에, 나는 살기 위해 스스로가 먼저 변해야 했다. 그렇다면 이번 일들을 계기로 나 자신을 확 바꿔보자. 어떤 인생도 노력만 하면 안 되는 일이 없다고 항상 큰소리치며 다닌 나였다. 운명은 자신의 노력에 따라 얼마든지 바꿀 수 있는 것이라 자신하며 살아왔다.

그래, 내 운명을 내 손으로 바꿀 기회가 지금 아니겠는가? 철학관에서 얘기했든 누가 얘기했든, 타인의 말이 아니라 내 운명을 바꿀 수 있다는 나의 확신에 의해서 바꾸는 것이다. 그동안 가지고 살아온 내 가치관과 이름도 바꿔보자! 더군다나 지금의 이름은 손자가 아니라 손녀가 태어났다고 탐탁해하지 않던 할머니로부터 내동댕이쳐지듯 지어진 이름이 아니던가.

내동댕이쳐지듯 지어진 이름, 그렇게 정체성을 알지 못하며 나를 지배해왔던 '이인경'이란 이름은 축복받은 '이지윤'이란 이름으로 새롭게 태어났다. 새로운 이름에는 '귀하다'라는 뜻이 들어갔다. 여태껏 살면서 가장 그리워했고 듣고 싶어 한 말이었다. 앞으로 꿈을 향해 거리낄 것 없이 '쎄게 밀고 나가라'는 의미도 넣

| 천 번의 이력서 |

었다.

'나는 운이 좋다. 나는 운이 좋은 사람이다. 항상 행운이 따른다!'
항상 나를 따라다녔던 생각, 난 실패하는 사람이고 운이 없는 사람
이라는 틀에서 벗어나자는 신념을 강하게 담은 이름이었다. 사람
은 자기가 마음속에 만든 환경 속에서 생활해간다. 모든 일은 자신
이 마음먹기에 달려 있는 것이다.

복잡한 절차는 있었지만 이름을 바꾸고 나니 확실히 마음가짐부
터 달라졌다. 주어진 뜻 그대로 축복받은 사람처럼 밝아졌다. 긍
정적으로 변했다. 전에는 어렵게 느껴지던 일들도 쉽게 풀리는 듯
했다. 아마도 마음의 변화가 이렇게 이끈 것이 확실했다.

무엇보다 가장 큰 변화는 건강의 변화였다. 그전에는 허리통증
이 심해 제대로 서 있기도 힘들었는데 통증이 온데간데없이 사라
졌다. 마음 역시 항상 쫓기는 것처럼 불안했는데 무엇을 시작하든
지 항상 느긋한 마음으로 변해갔다. 그렇게 몸의 건강과 마음의 안
정이 찾아오니 하나둘씩 가능한 일들이 눈에 들어오기 시작했다.
안정된 직장까지도 구하게 됐다.

자신의 운명을 지배하는 것은 그 누구도 아니다. 바로 자신이다.
자신의 문제를 해결하는 것 역시 모두 자기 내면에 힘에 의해서다.
이번 일을 계기로 그 사실을 또 한 번 깨닫게 됐다. 당신이 부모로
부터 어떤 결점을 물려받았건, 어떤 역경 속에서 태어났건, 당신

의 힘은 그것보다 훨씬 강하다. 어떤 처지에 있든 당신의 내면에는 어떤 가혹한 운명도 박차고 일어설 힘이 있다. 누군가 '우리는 이미 힘을 지니고 태어났다'고 말하지 않았던가.

이름을 바꿨다고 해서 지나온 과거를 부정하거나 없애버린 것은 아니다. 원래 있던 '나'라는 사람의 가치를 찾아내고 그것을 더욱 더 빛나게 만들 방법을 찾아낸 것이다. 더불어 이후에는 전보다 훨씬 강한 마음으로 살아갈 것이며 스스로의 운명을 향해 크게 소리치며 살 것이다.

미국의 사상가 랄프 왈도 에머슨은 "모든 영혼은 신에게 있는 모든 것의 입구일 뿐만 아니라 출구도 될 수 있다"고 말했다.

지금 당신이 어려움을 겪고 있다면 그리고 출구가 보이지 않는다면 자신을 먼저 변화시켜보자. 이름을 바꿔서라도 시도해보자. 그렇다고 부모님이 주신 이름을 함부로 바꾸라는 얘기는 아니다. 이름을 바꿀 각오로 절박한 마음을 가지고 해법을 찾으라는 의미다. 출구는 이미 우리 자신 안에 있다. 그러니 용기를 내보자. 다시 한 번 크게 용기를 내보자.

사람은 절대 안 변한다고 어떤 심리학자가 말한 적이 있다. 하지만 사람은 변할 수 있다. 변해야 하고 변해야만 살아남을 수 있다고 스스로 생각한다면 충분히 변할 수 있다. 나는 전에 가졌던 사고를 바꿨고 나를 변화시켰다. 그 방법 중의 하나로 새로운 이름을 선택했다.

내 이름은 '이지윤'이다. 축복받은 이름이다. 앞으로 꿈을 향해
거리낌 없이 '쎄게' 밀고 나갈 것이다.

어부만이 날치를 볼 수 있다

딱! 한 발만 더

꽃할배가 행복한 이유

내 인생의 사장은 바로 나 자신

과감히 유턴!

직업 밖으로 행군하라

내 가슴이 기뻐하는 일

5장

•

'지금까지'는 잊어라,
'지금부터'를 꿈꿔라

어부만이
날치를 볼 수 있다

어린 시절 한동안 집이 없어 군용 천막에서 살았다. 하필이면 여름 장마철이라 비가 자주 내렸다. 그 바람에 여기저기 물이 새서 바가지로 물을 퍼냈던 기억이 생생하다. 밤에 자다가 얼굴에 빗방울을 맞고 깜짝 놀라 깬 적도 있다.

당시 나는 집안 사정이 어려운지 어떤지도 잘 모르던, 장난기 많고 호기심 많은 철부지였다. 부모님은 굵은 빗줄기를 보며 상심하고 계셨을 테지만 어린 내가 그 마음을 알 리 없었다. 천막 안에서 이리 뛰고 저리 뛰며 빗물을 받아먹는 장난을 치며 마냥 즐거워했다.

날씨가 맑은 날 밤에는 천막 틈으로 캄캄한 하늘에서 곧 떨어질 것 같은 은하수의 향연을 보며 잠이 들곤 했다. 저 별과 저 별을 이으면 무엇이 될까? 잠이 들기 전까지 별들과 별들을 선으로 긋고 또 그어봤다. 내가 가진 상상력을 총동원했다. 하지만 완성되는 그림은 없었다.

철부지 시절 내가 바라봤던 별의 세계는 완성될 수 없는 무한한 상상력 그 자체였다. 앞으로 어떻게 펼쳐질지 알 수 없는 삶의 길처럼 말이다. 어린 시절에 내가 그랬듯 우리는 자신이 상상 속에서 긋는 선의 방향들이 앞으로 자신이 살게 될 삶의 지표와 같은 것임을 훨씬 후에나 깨닫곤 한다.

고인이 된 스티브 잡스는 2005년 스탠퍼드 졸업식 연설에서 지금의 애플을 이루기까지의 전환점에 대해 이야기했다. 그중 첫 번째 전환점으로 꼽은 것이 그가 호기심을 좇던 길에 대학을 자퇴하고 배운 캘리그래피였다. 캘리그래피가 아름답고 매력적이라고 생각한 그는 그 과정을 수강했다. 당시만 해도 이를 미래에 사용할지에 대해서는 생각하지 않았다. 그러나 10년 후 매킨토시 컴퓨터를 기획할 때, 캘리그래피를 배웠던 걸 기억해내고 모든 것을 매킨토시 컴퓨터에 반영했다. 그리고 맥은 아름다운 활자체를 탑재한 최초의 컴퓨터가 됐다. 그가 캘리그래피 수업을 듣지 않았다면 컴퓨터에서 그토록 아름다운 활자체를 보기는 어려웠을 것이다. 어쩌면 그가 아니라도 누군가 개발했을 것이기에 언젠가는 볼 수 있었겠지만, 시기는 늦춰졌을 것이다. 당시 그는 자신이 배우던 캘리그래피가 10년 후 미래에 가능성의 장을 열게 되리라는 건 알지 못했다.

스티브 잡스는 이렇게 말했다. "미래를 보면서 과정을 투영하는 것은 불가능하지만, 지난 후 거쳐왔던 과거를 이어보면 분명하게 볼 수 있다." 현재로썬 도저히 가늠이 안 되고 미래를 알 수 없지만 지나온 과정은 미래 어딘가로 연결된다. 스티브 잡스가 호기심을 좇아가던 길이 후에 헤아릴 수 없는 가치로 돌아온 것처럼 말이다.

한때 나는 영어 학습지 선생님을 한 적이 있다. 회원은 주로 초등학생들이었다. 조기 영어 교육에 관심이 많은 엄마들 성화에 한글도 겨우 읽을까 말까 한 예닐곱 살 아이들도 있었다. 아직 한글도 제대로 모르는 아이들이 영어를 좋아할 리가 없었다. 처음 수업을 시작했을 때 어떤 아이는 수업이 듣기 싫어 집 안 어딘가에 숨어 있기도 했다. 놀이터에서 놀다가 아예 집에 들어오지 않는 아이들도 종종 있었다. 심지어 어떤 아이는 어제 선생님이 집에 방문하셔서 수업을 들었다고 거짓말을 하기도 했다. 거짓말인 줄 알면서도 속아주어야 했다. 일주일에 한 번씩 50~60명의 회원들 집을 짜인 시간 내에 방문해서 관리하는 일은 지치고 숨 가쁜 일이었다. 어린아이들에게 하기 싫은 공부를 하게 만드는 일, 그것도 평소에 잘 쓰지도 않는 영어를 가르치는 일은 절대 쉽지 않다. 내가 열심히 한다고 해서 되는 일도 아니었다. 싫다는 아이들을 강제로 끌어다 책상에 앉히고 공부시키는 건 내 체질이 아닌 듯싶어 회의감도 들었다. 그만한 때 나는 천방지축 뛰어다니며 놀던 자유로운 영혼이었기에 더더욱 그랬다.

나는 왠지 내 몸에 맞지 않는 옷을 입고 다니는 것처럼 불편하기만 했다. 고민 끝에 찾은 해결책이 아이들에게 영어는 공부가 아니라 재미있는 동화라며 흥미를 북돋아 주는 것이었다. 교재를 읽어줄 때 동화구연처럼 목소리를 변형해가며 재미있게 읽어주었더니, 그제야 아이들도 좋아했다. 어느 날부턴가는 아이들이 내가 오는 날을 손꼽아 기다렸고 현관문 앞에까지 나와 반겨주었다.

지금 나는 '아이들 손에 스마트폰 대신 책을'이라는 캐치프레이즈를 걸고 책꿈터 만들기를 전파하고 있다. 한 아이를 키우는 엄마로서 내 아이를 비롯해 주변에 있는 아이들에게 책을 통해 꿈을 키워가고 성장할 기회를 마련해주고 싶어서다. 책은 넓은 세상으로 향한 열린 문이다! 진정 나는 아이들에게 그 문을 열어주고 싶다. "독서가 내 인생을 바꿨다"고 말한 오프라 윈프리처럼 나 또한 독서가 아니었다면 지금의 나는 상상조차 할 수 없기에 더욱 그러하다.

아마도 20여 년 전 영어 학습지 교사 때의 그 경험, 천방지축인 아이들을 달래가며 가르쳐본 경험이 없었다면 지금의 책꿈터 만들기 프로젝트는 시도조차 해보지 못했을 것이다. 아이들을 어떻게 다뤄야 할지 또 책을 좋아하지 않는 아이들을 어떻게 감당해야 할지 몰라 포기했을 것이다. 살아온 일 하나하나가 커다란 의미가 있으리라는 생각은 당시에는 미처 해보지 않았다. 하지만 지금 수 많은 나의 경험과 행동을 돌이켜보면 의미 없이 따로 생겨난 것은 없었다. 영어 학습지 교사의 경험이 현재의 프로젝트로 이어지는 것을 보고 현재는 어떻게든 미래로 연결된다는 스티브 잡스의 말을 실감했다. 무의미한 줄로만 알았던 무수한 행동이 결국 하나의 선으로 연결됐다.

'관광객은 바다의 날치를 볼 수 없다'는 말이 있다. 어부만이 날치를 볼 수 있다. 자신의 목표가 없는 사람은 바로 앞에 목표물이 있어도 보지 못한다. 하지만 자기의 목표가 무엇인지를 알고 준비하고 훈련하는 사람은 어떤 상황에 노출되어도 목표물을 발견할 수 있다. 이들에게 특별한 능력이 있어서 그러는 것이 아니다. 같은 상황을 여러 번 경험했고 훈련이 되어 있기 때문이다. 관광객은 날치가 나타날 것을 예측하지 못하지만 어부는 오랜 훈련을 통해 날치가 언제 나타날지를 예측할 수 있다. 예측은 이렇게 훈련과 경험을 통해서만이 가능하다.

작가가 되리라고는 꿈에도 생각지 못한 내가 책을 쓸 생각을 하게 됐다. 30년 직장생활에 길들어 그 생활을 벗어난다는 것은 불가능하다고 생각했던 나다. 내친김에 용기를 내어 1인 기업도 만들었다. 지나온 수많은 과정을 연결해 나의 도움을 필요로 할 누군가에게 도움을 줄 수 있게 됐다. 어부의 훈련처럼 그동안 충실하게 해온 선 긋기 연습과 훈련이 있었기에 가능했다.

　살아간다는 것은 끝이 없어 보이는 은하수의 별들을 하나하나 잇는 것과 같다. 글을 쓰는 지금 이 순간에도 나는 열심히 선들을 잇고 있는 셈이다. 누구도 대신 할 수 없는 순간이고 가치 있는 일이다.

**딱!
한 발만 더**

"빈자리가 생기면 꼭 말씀해주세요."

야쿠르트를 배달해주고 나가시는 아줌마를 불러 세웠다. 야쿠르트 배달원의 빈자리가 생기면 알려달라는 부탁을 하는 참이었다.

"이 차장님, 지금 좋은 자리에 있으면서 왜 옮기려고 하세요?"

아줌마는 의아해 하면서 확실한 거냐고 재차 물었다. 사무실 분위기로 봐서는 내가 자기보다 월급을 훨씬 많이 받을 것처럼 보였나 보다. 거기다 몸으로 뛰는 일은 전혀 안 해봤을 것 같은 내 분위기도 한몫했을 것이다.

얼마 전 '야쿠르트 아줌마 모집'이란 광고를 우연히 보게 됐다.

218

야쿠르트 배달을 하고 받는 급여가 지금 내가 받는 월급보다 많다는 사실을 새롭게 알게 됐다. 더욱이 걷는 것을 유난히 좋아하니 내게 맞는 일이 아니겠나 싶었다. 지금 하고 있는 일의 급여와 주말 아르바이트까지 병행해서 받는 수입을 합쳐야 겨우 한 달 생계가 가능했다. 계속 주말 아르바이트를 해가며 지금의 일을 지속해야 하는가? 하지만 정말 어렵게 구한 정규직 일자리라 쉽사리 결정을 내리지 못하고 갈등하게 됐다.

조그만 중소기업에 그렇게 원하던 정규직으로 어렵게 들어왔지만 중소 업체의 현실은 정말 열악했다. 말로는 많이 들었지만 이렇게까지 심각할 줄은 몰랐다. 한동안 금융 직군에서 영업직으로 일해왔기에 중소기업이라는 전혀 다른 현실은 나를 당황스럽게 했다. 그동안 막연하게만 알고 있었는데 현실은 생각보다 훨씬 심각했다.

값싼 노동력을 바탕으로 저렴한 가격을 매긴 중국 제품들이 밀려드는 바람에 우리나라 중소기업 제조업체들은 살아남기 위해 고정비용을 줄이는 등 안간힘을 쓰고 있다. IT 같은 획기적인 분야나 경쟁력 있는 특수한 아이템을 보유하지 않은 이상 제조업을 영위하는 중소기업의 환경은 너무도 어려워 보인다. 그래서 직원들의 임금이 제날짜에만 나와도 고마운 일이라고 했다. 이곳에 오기 전 지금과 비슷한 수준의 중소기업체에 수백 번의 이력서를 넣었다. 물론 뽑아주는 곳도 없었지만 급여 수준은 거의 다 똑같았다. 이것이 우리나라 중소 제조업체의 현실이다.

나는 밀려드는 현실 앞에서 다시 한 번 다음을 다잡았다. 하고 싶던 일을 커리어로 만들면서 살아가기로 했고, 처음에 떠오른 약한 생각을 망설임 없이 버렸다. 현실과 상황이라는 비바람을 마냥 피하려고 했다면 나의 다음 직업은 '야쿠르트 아줌마'가 됐을 것이다. 만약 그랬다면, 형편에 밀려 또 억지로 직업을 선택하는 것이 아닌가. 나를 되돌아보지 않을 수 없었다.

등 떠밀려 했던 일이라면 30년으로도 충분하다. 그동안 내가 경험한 것들이 너무 아깝지 않은가. 한 번만 더 가보자! 이번엔 현실을 이겨보자! 비가 오면 비를 맞고, 바람이 불면 바람을 맞으며 맞서보자. 야쿠르트 배달이 겉으로 보기에 화려하지 않아서, 힘들어 보여서 그랬던 건 결코 아니었다. 그보다 더 힘든 일도 많이 했었다. 야쿠르트 배달원은 다음에 기회가 있지 않은가. 지금은 내가 반드시 해야 하는 사명 같은 목적이 있다. 지금이 아니면 안 되는 일이다. 하지만 발등에 떨어진 불처럼 지금 당장 해결해야 하는 경제적 현실은 여전히 부담이 됐다. 큰 결심이 필요했고 선택은 쉬운 일이 아니었다. 경제적인 굴레를 벗어나자고 끊임없이 자신을 타일렀다. 내가 선택한 직업을 스스로 만들어나가기 위해 힘들지도 모르지만 지금 나의 이 결정이 '내 인생 최고의 선택'이라고 생각하기로 했다.

지금의 선택으로 당장은 돈벌이에서 손해를 볼지도 모른다. 그래도 억지로 해야 하는 일이 아니고 내가 원해서 하는 일임에 마냥 기뻤고 행복했다. 전에는 책을 읽으면서도 '지금 내가 이러고 있으면 안 되지', '빨리 돈 벌러 가야지' 하며 자신을 재촉했었다. 하지만 지금은 그러지 않아도 된다는 사실에 마음이 홀가분하다. 용기를 내어 내디딘 한 걸음이 성공으로 가는 첫걸음이 되어주었다. 모든 문제는 자신이 생각하는 것만큼 나쁘지 않다. 가다 보면 분명 길은 있다.

당시는 경제적인 무게를 더는 지탱하기 힘들었기에 이젠 끝이라고 생각했다. 완전히 벼랑 끝에 몰렸다고 생각했는데 길은 있었다. 오래전부터 막연히 하고 싶었던 일이 바로 앞에 있었음에도 보지 못하고 있었던 것이다. 현실이라는 가리개로 스스로의 눈을 가려 보지 못하고 있었을 뿐이다. 그걸 벗어버리자 강한 에너지가 생겼고 굳었던 머리도 팍팍 돌아갔다.

헤르만 헤세는 《데미안》에서 이렇게 말했다.

> 본래 우연이란 없는 것이다. 무엇인가 간절히 필요로 했던 사람이 그것을 발견한다면 그것은 우연히 이루어진 것이 아니라 자기 자신이, 자기 자신의 소망과 필연이 그것을 가져온 것이다.

《잊지 마라, 벽을 눕히면 다리가 된다》의 저자 웨스 로버츠 역시

이 구절을 인용하면서 포기하지 말 것을 강조했다. 앞이 막혀서 도저히 앞으로 나갈 수 없을 것만 같던 때, 벽으로만 알았던 그것을 주먹으로 치고 뚫고 나가고자 하니 그 뒤에 신세계가 보였다. 그리고 벽은 뜻밖에 두껍지도 않았고 단단하지도 않았다.

모든 걸 포기하고 싶었던 적이 한두 번이 아니었다. 맞닥뜨린 현실에 기운이 다 빠져 한 걸음도 더는 옮기지 못할 것 같았고, 몹시 지쳐 있었다. 모든 걸 단념하고 싶었다. 그러나 한 걸음을 용기 내서 내디뎌보니 한 걸음 더, 나아가 두 걸음 더가 가능해졌다. '그래, 딱! 한두 걸음만 더 내디뎌보자. 분명 길이 있다.'

실패하고 좌절했을 때 우리는 능력의 한계를 탓하지만, 능력이 부족해서 할 수 없는 것은 없다. 나 역시 내가 가진 능력을 탓하며 수없이 자신을 자책하던 시절이 있었다. 돌이켜보니 당시의 상황들이 그만큼 절박하지 않았던 탓이었다. 제대로 된 노력을 기울이지 않아서 할 수 없었던 것이다. 노력 부족이 원인이었음에도 온갖 주변 조건을 핑계 대고 남의 탓을 했었다.

야쿠르트 배달 아주머니는 오늘 아침에도 어김없이 내 책상 위에 맛있는 야쿠르트를 올려놓고 가셨다. 이 더운 여름 구슬땀을 흘리며 발품을 팔아 일한다는 것이 쉽지 않은 게 분명함에도 일하는 내내 행복한 미소를 잃지 않았다. 그녀는 오늘보다 더 나은 내일을 맞이할 것임이 틀림없다! 밥 한술에 배부를 수 없고, 한 걸음에 천

리 길을 갈 수 없다. 한 걸음 한 걸음 내딛는 그녀의 발걸음은 오늘보다 더 나은 내일이 기다리고 있음을 예견했다. 내일은 오늘보다 더 큰 한 걸음을 옮길 그녀에게 불가능은 보이지 않는다.

터키의 혁명 시인인 나짐 히크메트가 감옥에서 쓴 시 〈진정한 여행〉은 우리에게 다시 한 번 용기를 준다.

> 가장 훌륭한 시는 아직 쓰이지 않았다.
> 가장 아름다운 노래는 아직 불리지 않았다.
> 최고의 날들은 아직 살지 않은 날들.
> 가장 넓은 바다는 아직 항해 되지 않았고,
> 가장 먼 여행은 아직 끝나지 않았다.
> 불멸의 춤은 아직 추어지지 않았으며,
> 가장 빛나는 별은 아직 발견되지 않은 별.
> 무엇을 해야 할지 더는 알 수 없을 때
> 그때 비로소 진정한 무엇인가를 할 수 있다.
> 어느 길로 가야 할지 더는 알 수 없을 때
> 그때가 비로소 진정한 여행의 시작이다.

어느 길로 가야 할지 더는 알 수 없을 때 그때가 비로소 진정한 여행의 시작이다. 우리 인생 최고의 날은 우리가 아직 살지 않은 날들 가운데 남아 있다. 지금 하고 싶은 것이 있는가? 지금이라도 이루고 싶은 것이 있는가? 그렇다면 어제 걸어봤던 걸음보다 더 큰 걸음, 딱! 한 걸음만 오늘 더 걸어보자.

막다른 길 같아도 자세히 보면 당신이 딱! 한 걸음을 더 디딜 길은 있다. 그리고 그 길에 들어섰을 때 당신은 두 걸음을 더 전진할 수 있는 자신감을 얻게 될 것이다. 그러고 나면 당신이 그렇게 가고 싶어 하던 길이 곧게 뻗어 있음을 발견하게 될 것이다.

COMPANY
Street #: Street
City #: city.
phone #: 12312311-1231231
e-mail #: xxxxx@aa.xx

꽃할배가
행복한 이유

　얼마 전 한 매체에 '국민MC' 송해가 출연해 인터뷰한 내용이 화제가 된 적이 있다. 그는 아흔 살의 나이에도 내로라하는 젊은 MC들을 제치고 대한민국 구석구석 현장을 누비며 시청자들에게 노래와 함께 행복을 선사하고 있다.

　그는 인터뷰를 통해 "인생을 살면서 천직으로 생각되는 일을 꼭 하길 바란다"는 당부의 말을 남겼다. 자신이 지금 이렇게 건강하게 일할 수 있는 이유는 자기 일을 천직이라 생각하고 열심히 살아왔기 때문이라 한다. 그래서 지금이 가장 행복하다고.

　'국민MC 송해' 하면 '그 나이에!', '평생직장!'이라는 표현들이 가장 먼저 떠오른다. 마치 그를 통해 앞으로 다가올 일과 직업의 모습을 보는 듯하다.

그분처럼 TV에 출연하는 연예인이라는 직업 한 분야를 보더라도 일흔 살이 훨씬 넘어서도 맹활약하는 이들을 흔히 볼 수 있다. 그들은 자기 일을 천직으로 여기고 즐기면서 하는 행복한 모습을 보여준다. 그들을 지켜보며 우리 또한 앞으로 일을 하며 살아갈 날이 길어졌다는 것을 체감하게 된다. 얼마 전만 하더라도 노장이라 불리던 그들이 이제는 '꽃중년', '꽃할배'라는 신조어로 불린다. 일을 하며 활동하기에 아직도 정신력과 체력이 젊은이 못지않다. 이제 노장이라는 말은 무색해졌다. 나이에 아랑곳하지 않고 젊게 일할 수 있는, 바야흐로 꽃중년들의 시대다. 그리고 그 이름표는 머지않아 우리에게 붙여질 것이다.

지난날의 내 경험만 보더라도 나의 직장생활 초기인 스무 살 때에는 당시 직장생활이 길어야 서른까지일 것이라고 봤다. 그것도 가장 길게 내다본 기간이었다. 시간이 지나고 서른 살이 됐을 때는 마흔이 되면 직장에 남아 일하는 여성이 하나도 없을 것처럼 보였다. 당시로썬 마흔 다 된 여성이 직장을 다닌다는 것은 어림도 없어 보였다. 일부 분야를 제외하곤 극히 드문 일이었다. 하지만 지금 시대는 어떠한가? 나부터도 앞으로 일흔 살까지는 충분히 일을 할 것처럼 여겨진다. 그리고 실제 그러한 시대가 왔다.

2014년 기획재정부가 발표한 바에 따르면 기대수명 연장으로 희망 은퇴연령이 72세에 이른다는 발표가 있었다. 현실과의 괴리가 엄청난 숫자다. 다음의 통계청 발표를 참고하자.

> 통계청의 '2014년 고령자 통계'에 따르면 (…) 만 55~64세 취업 유경험자가 생애 가장 오래 근무한 일자리에서의 평균 근속기간은 15년 4개월이며 전년(15년 10개월)과 비교하면 6개월 줄어들었다. 취업 유경험자의 가장 오래 근무한 일자리를 그만둘 당시 평균 연령은 만 49세였다. 가장 오래 근무한 일자리를 그만둔 이유는 '사업부진, 조업 중단, 휴업·폐업(34.7%)', '건강이 좋지 않아서(19.5%)' 순이었다.

우리가 희망하는 것과 지금 눈앞에 놓인 현실이 너무나 동떨어져 있음을 알 수 있다. 누군가는 현실의 벽 앞에서 좌절과 고통을 겪어야 할 것이다. 이는 우리가 앞으로 풀어가야 할 숙제다. 따라서 사회에 첫발을 내디딜 때부터 자신의 천직을 위해 조금씩 준비해나가야 한다. 더군다나 사회에서 일컬어지는 퇴직 나이에 다다르기 전에는 앞으로 어떤 삶을 살아갈 것인지 또 자신이 하고 싶은 일이 무엇인지를 생각해서 계획하고 능력을 쌓아가야 한다. 나이가 들어 퇴직하게 되면 과거에 내가 어떤 일을 했는가, 어떤 삶을 살았는가는 전혀 중요하지 않은 시기가 찾아오게 된다. 은퇴 후 일자리의 세계는 참담할 만큼 냉혹하기 때문이다. 가방끈이 길고 짧은 것은 중요하지 않게 됨은 물론이다. 명문대학도 아무런 의미가 없어진다. 경력이 아무리 많아도 자신이 선택해서 갈 수 있는 일자리의 기회는 거의 주어지지 않는다.

《2030년 부의 미래지도》의 저자인 미래학자 최윤식 씨는 "미래의 기회는 당신의 생각보다 늦게 오고, 미래의 위기는 생각보다 빨리 온다"고 강조했다.

한 번 실업자는 영원한 실업자라는 말이 이젠 남의 말이 아니다. 아무리 능력이 뛰어나더라도 안정된 직장으로 재취업을 하기는 어렵다. 실제 나는 살벌한 취업 현장에서 이 사실을 직접 경험했다. 직장만 구할 수 있다면 지옥에라도 가야 할 판이라는 말을 절감했다. 우리의 위기는 준비할 겨를도 없이 너무도 빨리 와버렸다. 이 위기를 이겨내려면 자신이 잘하고 좋아하는 일을 하루라도 빨리 찾아내 준비해야 한다.

세계적인 변화 전문가 윌리엄 브리지스는 천직을 찾는 일을 사막여행에 비유했다. 천직을 찾고 그것을 현실 세계로 끌어오는 데에도 분명 길잡이가 되어줄 이정표가 있을 것이라 말한다. 그 이정표는 어딘가 멀리 있는 것이 아니라 우리가 서 있는 곳 근처에 있을 것이다.

나의 천직을 알아내기까지 행로는 길고 길었다. 하지만 결국 찾고 보니 뜻밖에도 가까이에 있었다. '어느 날 갑자기 우리를 찾아오는 것이 아니라 우리가 목적을 가지고 다가가는 것'이라는 말을 증명이라도 하듯 늘 내 주변에서 서성거리고 있었던 것이다. 단지 내가 찾으려고 시도하지 않았기 때문에 눈에 보이지 않았을 뿐이다.

근래 직장인들 사이에서 책 쓰기가 개인 브랜딩 프로젝트로 열풍을 일으키고 있다. 이 역시 어려운 현실을 반영해 자신의 천직을 찾기 위한 하나의 과정이 아닐까 생각된다. 책 쓰기를 통해 자신을 알아가고 자신이 잘하는 것이 무엇인지를 알아갈 수 있다. 한 가지 일에 집중적으로 파고들어 공부하고 자신을 성장시켜 천직을 향해 다가가는 것이다. 나 역시 천직을 키워나가기 위해 책을 선택했다. 책 쓰기 과정을 통해 무슨 일을 하면 가장 즐겁고 행복한지를 알게 됐다.

드림자기계발연구소 권동희 소장은 이렇게 말했다. "미국에서는 한 직업에 10년을 종사하게 되면 둘 중 하나를 해야 한다. 책을 한 권 펴내든지, 아니면 짐을 싸서 나가든지. 10년이라는 세월은 강산도 변할 만큼 긴 시간이다. 어떤 분야건 10년 동안 몸담으면 그 분야에서 전문가가 된다. 그 분야에 대해서 사람들에게 강의를 할 수 있을 정도로 특출나게 된다는 말이다. 그래서 많은 직장인이 인생 2막을 준비하기 위해 책을 쓰고 있다. 이제 평생직장이라는 개념은 구석기 시대의 유물이 된 지 오래다. 직장에 뼈를 묻을 각오로 일하면서 퇴근 후, 주말에는 인생 2막을 위한 준비를 해야 한다. 그렇지 않고 지금 내가 죽을힘을 다해 충성하고 있으니 회사가 언제까지나 나를 지켜줄 거야 하고 생각한다면 믿었던 도끼에 발등 찍히는 날이 분명히 찾아온다."

천직을 찾아 즐기면서 사는 이들의 공통점은 여러 직업을 전전했고 다양한 경험을 가졌다는 것이다. 그리고 무엇보다 현재 잘나가고 있다는 것이다. 그들은 자신이 가장 잘하는 일을 하면서 행복한 인생을 살기 위해 끊임없이 도전했다. 또한 자신이 직장에 몸담고 있을 때 하던 일과 크게 벗어나지 않는 일을 하고 있다.

이는 지금 다니는 직장에서 월급을 받으면서 자신을 성장시키고 공부할 기회가 얼마든지 있음을 보여준다. 직장에 다니면서 자신이 좋아하고 즐길 수 있는 일을 찾아야 한다. 처음부터 완벽한 것은 없는 것처럼 미래 나의 천직에 맞게끔 조금씩 나아가면서 진로를 수정해가면 된다.

위기관리 및 코칭 전문가인 김호 더랩에이치 대표는 "직업이 있다는 것은 직장에 다니는 상태라기보다는 직장을 떠나서도 독립해서 일을 할 수 있는 상태를 뜻한다"고 말했다. 직업과 직장이 동의어가 아님을 분명히 한 말이다. 천직은 적어도 직장을 떠나서 혼자 독립할 수 있을 만큼 자신의 재능을 살려 잘할 수 있는 직업이어야 한다. 더불어 자신이 일을 하면서 성취감과 보람을 느끼고 자신이 확장되어 갈 수 있는 일이 진정한 천직이라 하겠다.

천직을 만나기 전 우리의 인생은 아르바이트 인생이다. 아르바이트 인생을 끝내기 위해서는 지금 몸담고 있는 아르바이트 현장에서 자신을 성장시켜야만 한다. 기회와 가능성은 누구에게나 열려 있다. 포기하지 않고 계속 도전하면 기회의 문이 열린다. 그렇지 않으면 예전에 내가 경험했던 것처럼 직장과 직업을 전전하며 아르바이트 인생을 살아갈 수밖에 없다. 결국 아무리 열심히, 아무리 치열하게 살아도 고통스러운 '직장인의 말로'가 기다리고 있을 뿐이다.

내 인생의 사장은
바로 나 자신

어떤 현자가 이렇게 말했다. 천 리 길도 한 걸음부터.

이 말이 진실이라는 것을 알기 때문에 나는 오늘 한 걸음을 떼어 놓

는다.

너무 오랫동안 내 발은 망설여 왔다.

바람의 풍향을 살피면서 왼쪽으로 갈까 오른쪽으로 갈까,

뒤로 갈까 앞으로 갈까 망설였다.

_《폰더 씨의 위대한 하루 중에서》

나는 너무도 오랜 기간 막연한 두려움 때문에 망설임으로 일관

232

하며 살아왔다. 내 삶의 운전대를 잡지 못하고 허송세월을 보냈다. 내 인생의 주인공은 바로 나인데도 말이다. 늘 지금의 상황이 힘들다는 이유를 대며 '그냥 열심히 살다 보면 어떻게 되겠지'라는 막연한 생각만으로 아무런 계획이나 목표 없이 살아왔다.

눈앞의 하루, 한 달, 길어야 1년을 바라보며 먹고살 생각밖에 하지 못했다. 좀더 먼 미래를 위한 계획이나 앞으로 5년, 10년, 20년 후를 바라본다는 것은 현실과는 동떨어진 사치라고 생각했다. '그냥 지금 최선을 다하면 된다'는 안이함으로 아무런 대책 없이 살아왔다. 그 결과 결국 갈 곳 없어진 직장인의 말로를 마주하게 됐다.

뭔가 커다란 기회가 찾아왔을 땐 내가 감당하기엔 너무 크다고 규정해버렸다. 그리고 쉽게 포기해버렸다. 혹시나 어려움을 뚫고 헤쳐나가지 못할 만큼 벅찬 건 아닐까 하면서 스스로 한계를 만들었다. 그러면서도 자신의 삶에서 위대함을 이끌어내 훌륭한 인생을 살아가는 사람들을 지켜보며 무척이나 부러워했다. '저 사람들은 분명 운이 좋았을 거야. 성공을 타고난 사람들일 거야!'라며 현재의 자신을 합리화하고 위로했다. 하지만 나도 그들 중 한 사람이고 싶다는 마음이 늘 있었다. 그래서 차마 주저앉지도 못하고 망설이며 주변을 맴돌았다.

그러다 어느 날 문득 정신을 차리고 보니, 내가 지난날 스스로를 안이함 속에 가두면서 살아왔다는 것을 깨닫게 됐다. 내가 가진 잠재력과 능력에 대해 너무 관심을 두지 않고 살아왔다. 내 삶의 주인공이 바로 내가 되는 삶을 살겠다고 결심이 선 후에는 내가 너무도 오랫동안 직장생활에 끌려다녔다는 것도 깨닫게 됐다.

　이제 더는 직장인의 쓰디쓴 말로 앞에서 무릎을 꿇지 않겠다고 마음먹었다. 나의 가치를 높여 앞으로의 생계를 위해 또 내 삶의 주인공으로 커나가기 위해 1인 기업을 만들기로 했다. 한 치 앞만 바라봤던 삶의 방식에서 벗어나 긴 미래를 내다보며 앞으로 5년, 10년 후를 계획하기 시작했다. 직장의 울타리를 넘어서서 더 넓은 곳에 서 있는 나, 그 넓은 땅의 주인은 이제 나 자신이다. 나는 지금 내가 주인인 1인 기업의 '사장'이다.

　이제 인생에서 그리고 근로생활에서 심각한 역경을 겪지 않고 오래도록 살기를 기대할 수는 없다. 자기 자신을 관리해야만 하는 시대다. 혹자는 좋은 직장이란 그만두는 이들의 삶까지 배려하는 직장이라고 말하지만, 완전히 뜬구름 잡는 소리라 할 만하다. 현실은 절대 그렇지 못하다. 직원들의 은퇴 후 삶까지 배려해주는 직장은 찾아보기 어렵다. 배려는커녕 필요가 없어지면 순식간에 잘라내는 것이 현실이다. 내쳐진 이후로는 스스로 알아서 살아남아야 한다.

　점점 기업의 수명은 짧아지고 갈 곳도 없어지고 있다. 앞으로는 자신이 직면한 일에서 바로 자신이 사장이 되어야 한다. 우리는 현재 변화라는 가장 큰 도전에 직면해 있고, 매뉴얼 하나 없이 그런 어려운 변화를 헤쳐나가야 하는 시점에 놓여 있다. 그러므로 내 삶의 주인공이 나이듯 내 일에서 사장은 바로 나라는 마음으로 준비해나가야 한다. 자신을 받아주는 회사가 없다고 절망하고 있을 때가 아닌 것이다. 받아주는 회사가 없으면 자기가 그런 곳을 만들어 사장이 되어야 한다.

대학 졸업장만 있으면 기업들이 모셔가던 시대는 이미 끝났다. 이제는 세상이 자신을 받아주지 않는다고 불평을 늘어놓아도 받아줄 사람이 없다. 스스로 일자리를 창출해내야 하는 시대이기 때문이다. 더군다나 지금은 절대적으로 내가 원하는 일이 없거나 노동에 비해 낮은 수준의 급여를 받게 될 가능성이 아주 커졌다.

언젠가 소설가 이외수도 "물가만 오르고 사람값은 자꾸만 떨어지는 느낌. 내 인생의 본전은 어디 가서 만회해야 할까요"라는 글을 트위터에 남긴 적이 있다. 그분이 말한 사람값이란 인기가 높고 낮음을 뜻하진 않을 것이다. 물가는 천정부지로 오르는데 사회에서 평가하는 우리 사람의 가치는 점점 떨어지고 있음을 꼬집은 것이리라. 특히나 평범하기 그지없는 우리의 몸 가치는 한없이 내려가기만 한다. 자신의 가치를 높일 수 있는 건 자신뿐이다. 그러니 자신의 가치를 스스로 높게 매겨야만 한다.

혹시 당신도 자신의 삶에서 주인공이 아닌 엑스트라 연기를 하고 있는 건 아닌가? 주변에서 서성거리며 언젠가 찾아올 타이밍을 기다리고 있지는 않은지 스스로를 돌아보자. 적절한 타이밍이란 없다. 서성거리며 망설이기에는 버림받는 '나의 차례'가 너무도 빨리 와버린다. 삶의 주인공이 나 자신이듯 내가 하는 일의 사장도 내가 되어야 한다. 내 일의 사장이 되기 위해 자신을 위한 계획을 세워보자.

자기계발 전문가인 브라이언 트레이시는 "목표를 세우고 실천에 옮기는 습관을 들이면 2년 안에 인생이 달라질 것"이라고 말했다. 이제는 계획뿐 아니라 실행에 옮길 준비도 해야 한다. 내 인생의 주인공인 삶, 내 일의 사장으로 '나도 해낼 수 있다'는 믿음을 가지고 발걸음을 옮겨보자.

나는 이제 더는 망설임의 세계에서 살지 않는다. 내가 원하는 결과를 알고 있기에 그 결과를 향해 방향을 잡고 나아가고 있다. 내 삶 그리고 내 일에 책임을 져야 하는 사장이기에 쉽게 물러설 수 없다.

과감히
유턴!

회사 출퇴근길에 매일같이 들르는 헌책방이 있다. 하루는 보니 책방 앞에 박스 하나가 버려진 듯 놓여 있었다. 그 앞에는 '한 권에 단돈 1,000원'이라고 쓰여 있었고, 상자 안에는 책들이 가득 담겨 있었다. 책들은 먼지를 뒤집어쓴 채 아무렇게나 쌓여 있었다. 헐값에 내놓았음에도 눈길을 주는 사람조차 없었다. 며칠을 그렇게 책들은 외로이 그 자리를 지켰다.

그 책 한 권 한 권은 분명 저자의 피와 땀으로 이루어진 것들이다. 언제부턴가 사회로부터 계속 퇴짜를 맞고 몸값이 낮아질대로 낮아진 내 처지나 책방 밖으로 헐값에 쫓겨난 책들이나 신세가 별

반 다를 게 없다는 생각이 스쳤다. 책 속에 있는 가치는 무한하다. 단지 그 가치를 사람들이 알아보지 못할 뿐이다.

어느 날, 그 헌책들이 더는 보이지 않게 됐다. 박스 안에 있던 30권 전부를 내가 사버렸기 때문이다. 책방 주인은 속이 후련하다는 듯이 몽땅 2만 원에 가져가라며 던져주듯 넘겼다. 그러나 며칠이 지나 헌책방 사장보다 속이 더 후련해진 것은 오히려 나였다.

다름이 아니라 책 속의 주옥같은 글들이 오랫동안 풀리지 않던 나의 숙제들을 해결해주었기 때문이다. 내가 헐값에 구입한 책들은 홍자성의 어록인《채근담》을 비롯하여 톨스토이, 니체, 데일 카네기, 나폴레온 힐, 칭기즈 칸, 헤밍웨이 등의 책이었다. 수십 년에서 수백 년 동안 세상 사람들에게 삶의 지혜와 진리를 깨우쳐준 책들이 몽땅 내 손에 들어온 것이다. 그것도 가장 절박하고 힘든 순간에 내가 가장 듣고 싶은 말이 담긴 책들이 말이다.

내 인생에서 가장 중요한 전환점은 이렇게 뜻하지 않은 방법으로 찾아왔다. 전에는 그렇게 찾아 헤매도 보이지 않던 길이 한 줄기 빛처럼 눈앞에 환히 열렸다. 내 인생의 답은 그 책 속에 다 있었다.

《칭기즈 칸》에서 건진 보석 같은 구절을 소개하겠다.

> "너무 막막하다고, 그래서 포기해야겠다고 말하지 말라.
>
> 나는 목에 칼을 쓰고도 탈출했고,

뺨에 화살을 맞고 죽었다 살아나기도 했다.

적은 밖에 있는 것이 아니라 내 안에 있었다.

나는 내게 거추장스러운 것은 깡그리 쓸어버렸다.

나를 극복하는 그 순간 나는 칭기즈 칸이 되었다."

그는 패배감에 젖어 있던 내게 '그까짓 것 가지고 뭘 그러냐!'며 책 속에서 내게 호통을 치고 있었다. 그는 '착한 호통'으로 내게 다시 살아갈 용기를 주었다.

그리고 나폴레온 힐은 이제껏 내가 유지해온 삶의 방식들이 크게 잘못됐음을 깨우쳐주었다. 불안함과 망설임 때문에 아무것도 시도하지 못했던 내게 '너는 결국 이길 거야'라고 확신을 주었다. 책 속에 숨어 있던 가치를 발견한 것처럼 내 잠재력과 가치 역시 스스로 발견하고 발전시킬 것이다.

어니스트 헤밍웨이는 언젠가 성공한다면 책을 쓰겠다고, 막연하게만 생각했던 나 자신과의 희미한 약속을 굳건한 결심으로 바꿔주었다. 그의 목소리가 들렸다. '너는 지금 당장 책을 써도 될 만큼 충분한 경험을 가졌다. 너의 상상력을 펼쳐보라.' 그리고 나에게 글 쓰는 방법까지 가르쳐주었다.

다른 사람이 나를 알아봐 주기를 바라지도, 그렇게 되기까지 기다리지도 않기로 했다. 나라는 사람의 가치를 키우고 발전시켜 내 능력을 팔 수 있는 1인 기업을 만들었다. 마흔 번이 넘는 직업 경험과 더불어 30년 동안 직장생활을 한 경험들을 살려내는 것이다. 그 경험들을 모두 책에 담았다. 오로지 생계를 위해 전전긍긍해야 했던 내 삶의 방식이 크게 잘못됐음을 깨달았다. 수십 년 동안을 쉬지 않고 달려왔다. 하지만 수많은 직업 속에서 치열하게 싸우며 살아왔지만 내 형편은 하나도 달라진 것이 없었다. 생활은 여전히 어려웠다. 스스로 만족하지 못했다. 인생의 전환점은 바로 지금 이라는 생각이 들었다. 그리고 지금 당장 시작해야 한다고 결심했 다. 더는 시간을 지체할 수도 뒤로 물러설 수도 없었다. 지금 벼랑 끝에 서 있기 때문이다.

철없던 시절에는 내가 하는 일이 '뽀대' 나지 않는다는 이유로 직 장을 뛰쳐나왔다. 하지만 지금은 그때보다 더 그만두어야 할 이유 가 많고 불합리한 상황이 많음에도 함부로 박차고 나가지 못한다. 뛰쳐나간들 받아줄 곳이 있을까? 오랫동안 사회 경력이 쌓여, 지 금은 그렇게 하고 싶어 했던 뽀대 나는 일을 하고 있다. 하지만 이 제 몸값은 낮아질대로 낮아져 있다.

지금의 직장에 들어오기까지도 우여곡절이 많았다. 가장 크게 는, 나이라는 사회적 편견 때문에 수백 번 퇴짜를 맞아야 했다는 것이다. 나보다 더 젊고 유능한 젊은이들조차 직장을 구하지 못해 아우성치는 현실이다. 이만한 직장일지라도 감사해야만 한다. '문 제는 나이가 아니라 마음가짐이다'라고 스스로를 위로했었다. 하지만 직장을 구하면서 수백 번을 거절당하고 나니 이러한 마음이 더는 남아 있지 않았다. 마음가짐? 나이가 문제가 아니다? 이 사회는 나이가 문제가 되는 사회이고 그것이 현실이다. 어차피 사회는 내가 바꿀 수 없다. 그러니 내가 바뀔 수밖에 없는 것이다.

"그 나이에 뭘 한다고 그래. 나이도 있는데 그만한 직장이면 안정된 거지. 좀 아껴 쓰고 하면 자식 키우면서 그럭저럭 살 수 있잖아." 주변 사람들은 혀를 차며 딱하기도 하다는 눈빛으로 내게 말했다. 하지만 그렇게 쉽게 말하는 '그럭저럭'이란 것이 오늘날 나를 이 벼랑 끝으로 데려왔음을 그 사람들이 알 리가 없다. 그래서 나는 30년 동안 선택의 잣대였던 그럭저럭의 안정 대신 과감히 불안한 변화를 선택한 것이다.

"당신은 당신의 마음이 정하는 만큼 갈 수 있다"고 한 메리 케이 애시의 말처럼 나는 내가 정한 만큼 갈 것이고 한계는 정하지 않겠다. 아직 빛을 발하지 못했을 뿐 지나온 경력은 화려하고 잠재력은 무한하다. 그간 알아보지도 못했던 재능을 최고가 되기 위해 마음껏 펼쳐 보일 것이다. 난 이미 그렇게 되기로 선택했다. 아니, 이미 정해져 있던 선택인지도 모른다.

우리 모두는 헌책방의 먼지 속에 묻혀 있던 주옥같은 서적들처럼 어떤 보석보다 귀중하고 빛나는 존재들이다. 단지, 우리 자신이 이미 가지고 있음에도 미처 발견해내지 못한 잠재력이 있을 뿐이다.

성공철학의 대가 폴 J. 마이어는 이렇게 말했다. "내 가치를 찾기 위해선 남이 발견해주길 기다리는 것이 아니라 스스로 찾아 나서 야 한다. 나에 대한 가치는 다른 누구도 아닌 나 자신이 높여주고 인정해주어야 한다."

인간은 자신이 생각조차 못 했던 일들을 해낼 수 있는 능력을 이미 가지고 있다. 안 된다고 생각하는 것은 자신의 인생을 체념하는 것이다. 그것은 자기 자신에 대한 부정이라고 그는 강조한다. 자기 안에 있는 놀라운 잠재력을 믿는다면, 그것만으로도 싫었던 자신을 사랑할 수 있다.

생계를 꾸려가야만 한다는 변명으로 나는 한동안 패배자의 삶을 살았다. 자신을 부정하고 내 가치를 버려둔 채 오직 남들에 의해 선택되기만을 기다리면서 살아왔다. 살아가면서 목표 설정이 중요함에도 아무런 목표 없이 오로지 코앞만 바라보며 허송세월을 보냈었다. 나는 내 안에 있는 잠재력부터 깨우고 나 자신을 먼저 사랑하기로 했다.

'아브라카다브라'라는 말을 들어본 적이 있는가? 기다란 검은 모자에서 하얀 토끼를 끄집어내는 마술사가 떠오를 것이다. 아브라카다브라는 아랍어로 '말한 대로 될지어다'라는 뜻을 가진 강력한 주문이다. "아브라카다브라, 아브라카다브라." 나는 주문을 왼다. 내가 경험한 모든 직업과 직장 경험을 살려 도움을 필요로 하는 사람들에게 멘토 되기, 책 쓰기를 통해 사회에 공헌하기…. 마음속으로 이런 주문을 반복한다.

할리우드의 영화배우 짐 캐리는 영화를 만들기 전에 1,000만 달러짜리 수표를 자기 앞으로 발행했다고 한다. 스스로 주문을 만들고 외우기 위해서란다. 그는 자기 주문이 이루어질 것이라 이미 확신했다. 그만큼 그는 자신의 목표가 이루어지도록 집중하고 부단한 노력을 했을 것이다. 그래서 그러한 확신도 생겼을 것이다. 나역시 짐 캐리와 같은 확신의 마음으로 주문을 외고 있다.

앞으로는 그동안 되풀이했던 시행착오의 전철을 다시 밟지 않을 것이다. 집중력을 총동원해서 나아갈 것이다. 가던 길을 과감히 유턴해서 '잘나가는 여자'로 살아갈 것이다. 나는 확신한다, 내 주문이 반드시 이루어질 것이라고.

COMPANY
Street #: Street
City #: city
phone #: 12312311-1231231
e-mail #: xxxx@aaa.xx

직업 밖으로
행군하라

어느 날 출근길, 같은 아파트 단지에 사는 선배 언니와 마주쳤다.

"언니, 회사 출근 안 하고 언니처럼 여유롭게 강아지나 산책시키며 집에서 쉬고 싶어!"

"난 준이 엄마가 제일 부러워, 아침마다 출근할 데가 있다는 게 얼마나 좋아. 나도 일하고 싶은데 어디 뽑아주는 데가 있어야 말이지. 그 나이에 직장이 있다는 게 어디야?"

"하긴 그래요."

"준이 엄마는 짤릴 때까지 끝까지 다녀."

선배는 헤어지며 내게 당부하기를 잊지 않았다.

그러겠노라고 대답하긴 했지만 그녀가 내 속 타는 심정을 어찌 알까? 직장생활은 전쟁터라고 말해준들 그녀가 공감할 수 있을까? 겪어보지 않은 사람은 이해하지 못할 것이다.

30년 직장생활을 하면서 가장 해보고 싶은 일이 있었다. 아니, 작은 바람이었다. 아이를 학교에 보내놓고 난 후 엄마들끼리 커피숍에 모여서 여유롭게 도란도란 수다 떠는 것. 그 모습이 그렇게 부러울 수가 없었다. 매일 아침 사람 많은 출근길에 시달리지 않아도 되고 말이다. 난 언제쯤에나 저렇게 여유로운 시간을 가져볼 수 있을까? 다른 사람들에겐 소소한 것으로 들릴지 몰라도 나에겐 부러움 그 자체였다. 매일같이 반복되는 출근길, 일이라는 것에서 벗어날 수만 있다면….

힘들었지만 오랜 사회생활에서 나를 지탱해준 것은 언젠가는 이런 소소한 일을 할 수 있게 되리라는 희망이었다. 나는 늘 집안 생계를 책임져야 했고 돌봐야 할 아이가 있었다. 이 모든 주변 상황이 나를 옴짝달싹 못하게 만들어놓았다. 누가 시킨 것도 아닌데 남들이 보기에 나는 항상 여유가 없는 사람이라는 꼬리표를 붙이고 다녔다.

이제 나는 이런 상황들로부터 탈출했다. 항상 여유 없게 만들었던 내 직업을 갖다 버린 것이다. 내게는 이제 나를 옭아매는 그런 직업은 필요 없게 됐다. 내가 책임져야 했던 것들이 모두 해결됐다고 상상하면서 마음속의 장벽을 허물어뜨렸다.

《상상의 힘》의 저자 네빌 고다드는 이렇게 썼다.

> 우리를 막고 있는 단단한 장벽을 비스킷처럼 인식할 수도 있고, 손만 닿아도 부서질 수 있는 벽을 철옹성으로 인식할 수도 있다. 생각을 통제하는 방법을 배우는 순간, 당신의 인생은 180도 달라진다.

나는 내 마음을 평생 해결되지 않는 곳에 두지 않기로 했다. 어차피 그런 문제들은 내가 죽기 전까진 해결되지 않는다. 평생 가지고 가야 할 삶의 숙제들이기 때문이다. 대신, 족쇄처럼 매여 있다고 생각하는 직업으로부터 빠져나와 내가 선택한 일을 하기로 했다. 숱한 직업들을 뒤로하고 나만의 직업을 가져야 한다는 걸 깨우친 것이다. 그런 깨달음은 알람과 같이 전부터 내 인생 흐름에 맞춰 설정되어 있었다. 인생을 살아가면서 이때는 반드시 무엇을 해야 한다고 운명처럼 정해진 그런 알람은 아니었지만. 내 결정은 그동안 몸과 마음에 밴 여러 가지 나쁜 습관에서 벗어날 수 있도록 내 행동과 사고방식을 완전히 바꿔놓았다.

매일매일 마인드 콘트롤을 통해 '나는 어디에도 매이지 않은 사람이다'라고 수없이 반복하며 되뇌었다. 생각이 바뀌었고 깨달음이 있었지만, 다니던 회사를 그만두지는 않았다. 현재 하고 있는 일 또한 어찌 됐건 내가 선택한 것이다. 지금의 일을 내 발전의 밑거름으로 여기고 자리를 잡을 때까지 자양분으로 삼기로 했다.

똑같은 자리에서 매번 반복되는 일을 했지만 어제와 다른 새로운 오늘처럼 느껴졌다. 날마다 시간표를 짰고 오전 세 시간 안에 내가 해야 할 업무들을 집중해서 다 할 수 있도록 준비해놓았다. 잠시 쉴 수 있는 시간도 마련했다. 전에는 회사 일이라는 것이 전부 내부시스템에 연결된 것이라 짜놓은 시간표에 맞춰서 일하기란 불가능할 줄 알았다. 하지만 해보니 뜻밖에도 가능했다. 단지 시도해보지 않았을 뿐이라는 것도 깨달았다.

출근을 하고 나면 가능한 한 오전에 그날 할 일의 대부분을 해놓았다. 집중해서 일하면 충분히 해낼 수 있었다. 그리고 오후에는 회사 업무와 연계해서 조금이라도 나를 성장시킬 수 있는 창의적인 업무를 선택해서 했다. 그랬더니 시간이 많이 여유로워졌다. 업무 시간 중에 미처 일을 끝나지 못해 퇴근 시간 이후에도 남아 일하곤 했는데 이제는 그럴 일이 없어졌다. 이런 실천을 통해 나는 외부 환경에 매이지 않고 자신을 선택해나갈 수 있었다.

《과감한 선택》의 저자 제임스 알투처는 자신을 선택하라며 이렇게 썼다.

> 그 누구도 나를 대신해서 길을 알려주지 않는다. 성공하기 위해, 살아남기 위해서는 나 자신을 선택하자.

이제는 자신이 원하는 삶을 선택할 수 있어야 한다. 현재를 위해 최선을 다한다면 누구든 자신이 선택한 삶을 살 수 있다. 나는 다시 한 번 강조하고 싶다. 지금 당장, 용기를 내어 당신 자신을 선택하라.

IT 분야 리서치 및 자문회사인 가트너는 2013년 이후 10년 동안 일어날 열 가지 혁신적인 변화 중 3D 프린팅과 기계 학습, 음성 인식, 운전자 없는 자동차 등의 기술 발전이 많은 사람으로부터 일자리를 빼앗아 사회 불안 요소가 될 것이라고 발표했다. 디지털화 기계와 시스템, 더욱 정교해진 로봇 등장은 일하는 사람이 없어도 되는 사회를 만들어가고 있다. 아날로그 시대에 필름을 생산하던 코닥은 13,000명의 직원으로 운영되던 회사였다. 하지만 디지털카메라가 등장하면서 필름이 필요 없게 되자 대부분의 직원이 다니던 직장을 그만두어야 했다. 사회 변화에 발빠르게 대응하지 못한 코닥은 결국 몰락의 길로 들어섰다. 반전의 계기를 모색하고 있기에 단정할 순 없지만, 아마도 새 시대의 강자들 틈에서 부활하기란 쉬운 일이 아닐 것이다.

세상이 빠르게 변하고 있다. 수많은 사람이 해고를 당하고 있으며, 수많은 기회가 빠르게 사라져 가고 있다. 실패하는 사람이 나뿐이라고 생각하는가? 나만 퇴출당했다고 생각되는가? 위기감만 느끼고 아무것도 하지 않는다면 결국 이런 파도와 같은 시대 변화에 떠밀리게 되어 있다.

누구도 친절하게 다가와서 내가 갈 길을 알려주진 않는다. 살아남기 위해서는 나 자신을 선택해야만 한다. 나 스스로 방법을 찾아야 한다. 나 자신을 선택한 나는 나의 이러한 깨달음을 알리기 위해 이 책을 100일 동안 써왔다. 100일 기도를 드리듯 하루하루 한 땀 한 땀 가슴속에 품고 있던 생각의 실타래를 풀어 정성스럽게 글로 엮어냈다.

언젠가 나는 이런 상상을 해본 적이 있다. 만약 내 인생길을 앞서 걸어본 누군가가 과거의 내게로 와서 '너는 이렇게 살아야 한다'라고 알려주었더라면…. 그런 상상의 연장선에서 이 책이 탄생했다. 인생길이 똑같을 수는 없지만 상황은 비슷할 수 있다. 나와 같은 바람을 가진 사람들을 위해 내가 가진 경험들을 책으로 전달하고자 이 책을 쓴 것이다. 나는 말하고 싶었고, 말하고 있다. 지금은 100일이라는 글쓰기 기도를 마치고 가슴을 쓸어내리고 있다. 표현은 세련되지 못하지만, 나의 이 모든 열정이 독자들에게 전달되기를 바란다.

변화 전문가인 고 구본형은 이렇게 말했다. "나에게는 마음에 새겨둔 직업의 원칙이 있다. 살다 보니 자연스럽게 터득하게 된 것이다. 좋아하는 일을 하다 죽을 것이고 죽음이 곧 퇴직인 삶을 살 것이다. 이것이 내가 추구하는 직업관이다. 죽을 때까지 자신이 좋아하는 일을 하지 못하고 죽는 것은 삶에 대한 모독이다. 어떤 변명도 있을 수 없다. 아니 변명일 뿐이다. 하고 싶은 일을 하지 못하고 산다는 것은 삶에서 실패한 것이다. 처참하게 패배한 것이다."

30년, 지난 시간 동안 나는 '죽지 못해' 일을 하며 산 때가 많았다. 하지만 지금은 나 자신이 선택한 일을 하고 있고 퇴직 또한 그 누구도 아닌 내 결정에 의해 할 것이다.

혹시 당신도 '죽지 못해' 지금의 일을 하고 있는 것은 아닌가? 만약 그렇다면 다른 사람들이 선택하는 직업이 아니라 지금 '나 자신'을 선택해보라! 직업 밖으로 나와서 나 자신을 선택하는 거다. 보이지 않는 것 같아도 길은 반드시 존재한다. 그리고 그 길은 당신이 선택할 수 있고 언제든지 시작할 수 있다.

사회에서 정해주는 틀에 박힌 직업으로는 이제 더는 안전할 수 없다. 그러니 지금부터 당신의 직업 밖으로 나와 행군해보자!

COMPANY

Street #: Street
City #: city.
phone #: 12312311-1331231
e-mail #: xxxx@aaa.xx

내 가슴이
기뻐하는 일

자주 웃고, 많이 사랑하는 것

똑똑한 사람들로부터 존경받고

아이들로부터 사랑받는 것

아름다움을 음미할 줄 알고

타인의 가장 큰 장점을 찾아내며

건강한 아이를 키우든, 정원을 가꾸든

더 나은 사회를 구현하든 간에

좀더 나은 세상을 남기고 가는 것

한때 내가 살았음으로 인해

단 한 명의 삶이라도 더 편안해지는 것

그것이 바로 성공

_《탐스 스토리》 중에서

탐스의 창업자 블레이크 마이코스키의 《탐스 스토리》 앞부분에 적힌 성공에 관한 시다. 《탐스 스토리》의 주인공 블레이크는 탐스의 신발 한 켤레가 팔릴 때마다 전 세계의 신발이 없는 아이들에게 한 켤레씩 기부한다는 일대일 기부 개념을 도입했다. 그는 자기 일을 통해 생계를 유지하면서 자신이 사랑하는 사람들과 도움이 필요한 이들에게 필요한 것들을 기부할 수 있었다. 한 개인으로서, 사업가로서, 자선사업가로서 자신의 야망을 따로 나눌 필요 없이 탐스라는 하나의 소명 아래 모든 것을 응집시켰다.

《탐스 스토리》는 내가 책을 꼭 완성해야만 하는 소명을 지표로 보여준 대표 스토리이기도 하다. 책을 쓰기 전 나는 계속되는 실패와 좌절로 세상에 대해 한없이 부정적인 시각을 가지고 있었다. '하느님은 왜 내게 이토록 숱한 시련을 주었을까?' 하고 원망하며 세상을 냉소적으로 바라보기도 했다. 그러던 내게 책 쓰기는 모든 걸 바꿔놓을 수 있는 동기부여를 해주었다. 자신감 없고 부정적이기만 하던 내게 돌파구를 열어주었다.

탐스의 신발을 필요로 했던 아이들의 절실함은 언젠가 내 아이의 신발 한 켤레가 절실했던, 몹시도 어려운 시기가 있었음을 상기시켜주었다. 당시 나는 만약 내가 지금 이 어려운 상황을 벗어난다면 나와 같은 어려움에 처해 있는 사람들에게 힘이 되어주리라고 다짐했었다. 그 약속은 기억의 서랍 어딘가에 보관되어 있었다.

시간이 흘렀고 스스로 일어설 힘을 가지게 됐다. 나는 달라졌고 세상을 보는 시선도 달라졌다. 원망으로 가득 찬 시선이 아니라 따뜻한 마음으로 세상을 바라보게 됐다. 그리고 자신과의 약속을 지키기 위해 내가 할 수 있는 일이 무엇일까를 찾아보기 시작했다. 《탐스 스토리》는 무엇을 어떻게 해야 할지 막연하기만 하던 내게 영감을 주었다. 바로 기부를 통한 나눔이었다. 책은 나눔을 실행할 수 있는 충분한 매개체였다. 책이 내 인생을 바꾸어놓았듯이 나도 책을 통해 누군가에게 힘을 실어줄 수 있으리라는 확신이 생겼다.

많은 직업을 경험하면서 겪어야 했던 시련과 좌절은 결코 헛된 것이 아니었다. 지금의 소명을 위해 반드시 거쳐야만 하는 과정이었으리라. 결과적으로 좀더 나은 세상을 만들어가야 하는 나를 위해 묵언의 수행을 시켜준 셈이었다. 그동안의 직업 경험을 토대로 내 도움을 필요로 하는 누군가에게 의미 있는 일을 하게 됐으니 말이다.

우리가 살아가는 사회라는 울타리는 많은 변곡점을 만들어낸다. 누구에게나 그렇듯 우리는 쉽지 않은 길을 가고 있다. 나 역시 많은 변곡점을 겪었고, 이겨냈다. '나는 할 수 있다'는 믿음이 없었다면 결코 해내지 못했을 것이다. 스스로에 대한 믿음을 가지고 있다면, 그 믿음은 우리에게 쉽지 않은 길조차 과감히 행군할 수 있도록 큰 힘을 준다. 그 힘은 누구나 가지고 태어난다. 단지 자신에 대한 믿음을 아직 발견하지 못했을 뿐이다.

인생의 벼랑 끝에 내몰렸을 때 나는 간절한 도움이 필요했다. 내 처지를 이해해주고 공감해주며 현실적인 해법이 되어줄 만한 그 어떤 것이 필요했다. 당시 내가 절실히 도움을 필요로 했듯 어딘가에서 나의 도움을 필요로 하는 누군가가 있을 것이다. 그들에게 내가 용기와 힘을 불어넣어 줄 것이다.

버락 오바마 미국 대통령은 이렇게 말했다. "당신의 인생을 돈벌이에만 쏟아 붓는 것은 야망의 빈곤을 나타낼 뿐이다. 당신 자신에게 너무나 하찮은 것만을 요구하는 꼴이다. 현재의 당신을 뛰어넘는 큰 뜻을 펼치고자 할 때에야 비로소 진정한 당신의 잠재력을 발휘할 수 있다."

그가 어려운 가정형편과 흑인이라는 차별을 받으면서도 대통령에 당선될 수 있었던 이유는 자신을 뛰어넘는 큰 뜻, 바로 가슴이 기뻐하는 일을 했기 때문이다.

나는 지금 '내 가슴이 기뻐하는 일'을 하고 있다. 내가 가진 잠재력을 힘껏 발휘해본다. 누군가에게 용기를 주기 위해 책을 쓰고, 강연을 준비하고, 사회적기업을 만들어가고 있다. 이런 일이 가능하리라고는 예전엔 상상도 하지 못했다. 그렇지만 시작하고 보니 확실히 알겠다. 가슴이 기뻐하는 일은 자신의 모든 것을 쏟아 붓게 해준다는 것을.

지난 30년은 오로지 먹고살기 위한 밥벌이에 급급해 직장생활을 했었다. 하지만 앞으로의 삶은 누군가를 도울 수 있는 능력을 만들기 위해 스스로 갈고닦는 시간이 될 것이다. 지금 걸어가는 길이 혼자만을 위해 가는 길이 아니기에 외롭지 않다. 벌써부터 내 마음이 한껏 풍요롭다.

인생의 후반전이다. 나는 스스로에게 5년이라는 준비기간을 주었다. 꿈을 이루기 위한 5년이다. 5년은 어찌 보면 순식간일 수 있다. 하지만 필요한 능력을 갈고닦기에 충분한 시간도 될 수 있다. 나는 마치 여러 사람의 인생을 산 것처럼 수십 가지의 직업을 거쳐왔다. 여러 가지 직업이지만 이것을 통합하면 '단 하나'의 핵심 경력이 충분히 될 수 있다. 나는 오직 나만의 단 하나의 직업, 나 자신을 선택한 직업으로 좀더 더 나은 세상을 위해 힘차게 행군할 것이다.